JE VEUX TOUT

Un projet apporté par Ariane Geffard.

Nathalie Rozborski

JE VEUX TOUT

MARABOUT

Sommaire

PARTIE 4 – L'environnement personnel

Pour toutes les femmes

“ UNE FEMME LIBRE EST EXACTEMENT LE CONTRAIRE D'UNE FEMME LÉGÈRE ”

– Simone de Beauvoir

En lisant récemment cette réflexion de Simone de Beauvoir, quasi prophétique pour moi, le postulat de ce guide m'est apparu limpide et évident : je voulais écrire un livre qui s'adresse à toutes les femmes qui veulent une carrière, la puissance, la liberté, le succès, l'épanouissement complet – personnel, professionnel, économique, social –, en résumé, qui veulent le bonheur féminin total. Qui veulent tout sans rien sacrifier. Ne pas avoir à choisir, ne renoncer à rien, tout désirer et s'attacher à tout avoir, à tout recevoir.

La plupart d'entre nous sont effrayées et pensent ne pas y arriver, ne se donnent pas les moyens de s'émanciper, de réaliser leur objectif quand elles ne pensent pas tout simplement en être incapables. Ce livre s'adresse à toutes ces femmes-là. Il se veut un tremplin pour vous-même, pour trouver votre bonheur quotidien et embrasser avec lucidité votre chemin personnel afin d'atteindre le succès et l'équilibre.

Je ne suis pas une influenceuse au million de *followers* à travers le monde, je ne suis pas célèbre et je ne suis pas non plus la fondatrice d'une start-up à succès. En revanche, je peux affirmer sans nul doute que je suis aujourd'hui heureuse, amoureuse et pleinement épanouie. Qui peut en dire autant? Vous toutes bientôt après la lecture et la mise en application de ce guide.

J'ai réussi l'examen du bonheur féminin adulte et je me sens femme puissante (*empowered*, comme disent les anglophones). C'est cet « empouvoirement » que je souhaite vous transmettre, en vous donnant les clés pour y arriver.

Parce que j'ai réussi à être celle que je voulais devenir, parce que j'ai réussi à aller exactement là où je le voulais, et que je suis aujourd'hui totalement alignée avec moi-même, il me tient à cœur que le plus grand nombre d'entre vous y parvienne. C'est la mission de ce livre : emparez-vous de votre vie pour la mener où vous l'entendez, sans rien sacrifier.

Introduction

Je m'appelle Nathalie Rozborski. J'ai 37 ans, deux enfants et vis maritalement. Je dirige une société de conseil internationale, basée à Paris, et j'ai fondé il y a bientôt trois ans une association locale, EllesInLouvre, qui agit pour le bien-être des familles.
Je suis franco-polonaise, née de l'union d'un footballeur professionnel et d'une femme, mère avant tout, arrivés en France dans les années 1980. J'ai été biberonnée à la confiance en soi, à l'amour indéfectible et sans limites.

Je retiens de mon enfance provinciale une phrase qui sera capitale dans mes choix et ma détermination futurs, répétée en boucle par mes parents à qui osait défier leur croyance : « Nathalie peut tout faire, elle ira là où elle veut ». Un véritable sort jeté au déterminisme social qui fait statistiquement de moi un petit « miracle » social, comme mon bourdieusien de frère le qualifie. Le déterminisme social est un concept sociologique développé par Pierre Bourdieu qui explique les mécanismes de la reproduction sociale. En version courte : si vous naissez dans une famille populaire, vous avez statistiquement beaucoup plus de chances de vous marier à une personne de votre classe et vos enfants auront beaucoup moins de chances de devenir énarques ou grands dirigeants d'entreprise que si vous apparteniez à une classe sociale supérieure.

TOUT N'EST PAS ÉCRIT

Aucun membre de ma famille ou de mon entourage direct ne m'a jamais mis entre les mains le répertoire des grandes écoles. Personne ne m'a indiqué le meilleur chemin académique à suivre, le réseau à solliciter pour un stage, les lectures indispensables pour se forger un esprit critique. Mes parents ne sont pas issus d'une lignée d'ingénieurs, d'industriels, d'entrepreneurs, de médecins ou d'avocats avec les prédispositions économiques, culturelles et sociales que cela suppose. Mais ils ont eu en contrepoids majeur l'intelligence émotionnelle de me convaincre que tout était possible et de **m'entraîner « à la gagne », au bonheur, à l'atteinte de mes objectifs avec le goût du travail et de la performance**. Cette capacité à l'endurance, à aller de l'avant, à tenir bon, à s'ancrer solidement dans le réel, avec la force que l'on attribue souvent aux peuples d'Europe de l'Est.

Ainsi, ce mélange d'intransigeance, de détermination, de fascination pour les individus *self made*, nourri par les lectures de Simone de Beauvoir et de Balzac, dynamisé par la culture urbaine, l'assurance et l'énergie d'une Beyoncé, sont les quelques traits de caractère qui me définissent grossièrement et qui m'ont permis de dépasser les obstacles de la vie et de défier les statistiques qui prédisent qu'en France, aujourd'hui, six générations sont nécessaires pour passer d'une classe pauvre à une classe supérieure (rapport OCDE 2018 sur la mobilité sociale), et ainsi devenir ce qu'on appelle « un transclasse ».

Bien sûr, il n'y a pas de recette miracle, le chemin et le destin décident aussi pour vous en grande partie. Mais la part de détermination et de volonté personnelles est absolument et heureusement indiscutable. J'en suis la preuve réelle et vivante. Et c'est pour cela que je souhaite très sincèrement partager mes apprentissages et mes expériences avec toutes les femmes.

À celles et ceux qui seraient tentés de me coller une étiquette un peu courte mais tellement confortable – « encore une bobo parisienne privilégiée qui donne des leçons et juge d'en haut ! » – je répondrai comme mes prédécesseurs l'ont fait par le passé :

> **“ YOU CAN TAKE THE MAN OUT OF THE WOODS, BUT YOU CAN'T TAKE THE WOODS OUT OF THE MAN. ”**
>
> – Gary Paulsen, *Brian's Return*

En français dans le texte : « Vous pouvez faire sortir l'homme de son bois, mais vous ne pouvez pas faire sortir son bois de lui. »

Cette citation est reprise régulièrement par les rappeurs américains de ma décennie adolescente (de Jay-Z jusqu'à Snoop Dogg en passant par Birdman) qui ont toutefois remplacé *woods* par *streets*.

Autrement dit, le naturel refait toujours surface et l'on ne transforme jamais sa véritable nature, elle réapparaît toujours, les vernis craquent à un moment donné. En particulier dans les moments repères de la vie tels que la maternité, le premier job, la première relation sérieuse. Tout nous ramène toujours à un moment donné à notre condition innée, à notre classe d'origine.
À l'inverse, l'acquis est la somme des constructions mentales et identitaires que chacun se forge. Ma conviction profonde est que c'est précisément là-dessus qu'il faut appuyer et se concentrer : l'acquis plutôt que l'inné.
Tout au long de notre vie d'enfant, d'adolescent, de jeune adulte, plus nos choix seront orientés et guidés par notre détermination à devenir heureux et en cohérence avec nous-mêmes, plus nous maximiserons nos chances de ne pas être ballottés dans la grande roue de la vie d'adulte, à subir les conséquences de nos choix involontaires et maladroits.
Plus simplement, **si vous vous concentrez sur qui vous voulez être, sur qui vous voulez devenir et mettez toute votre énergie et vos choix quotidiens au service de cet objectif, alors vous allez y arriver**.

OSEZ LE CHANGEMENT

Ce que j'aimerais vous offrir avec ce livre, c'est un témoignage sincère et accessible, au moyen de récits, d'anecdotes, de rencontres et d'outils pratiques pour vous aider à trouver la solution, la force, le courage de changer vos modes de pensée quand ils sont limitants ou enfermants. J'aimerais vous donner l'envie de transformer vos actions au quotidien pour **devenir des femmes libres, épanouies et alignées avec elles-mêmes**.

Ce livre est aussi une véritable ode à la confiance en soi et à la détermination, sans jugement, sans grandes leçons théoriques, mais plutôt avec beaucoup d'authenticité et de bienveillance. Je souhaite qu'à l'issue de sa lecture, vous arriviez à puiser en vous le courage, l'énergie qui vous aideront à prendre la décision que vous n'arriviez pas à prendre jusque-là, à accepter ce job dont vous rêviez mais pour lequel vous n'osiez pas vous lancer, à quitter l'environnement toxique qui peut-être vous entoure, à relever les défis que le quotidien amène sur votre chemin.

Ce livre n'est pas un plaidoyer féministe, plutôt un guide accessible destiné à vous aider, à vous énergiser, à vous faire rire en dédramatisant des situations qu'en réalité, nous vivons toutes au quotidien sans parfois oser nous le dire et l'avouer, même entre nous. J'aimerais décomplexer et déculpabiliser toutes celles qui pensent ne pas être à la hauteur des injonctions jetées aux visages et aux corps des femmes tous les jours. Décomplexer, démystifier, changer d'axe pour trouver des solutions plutôt que poser des problèmes.

En cela, **ce livre s'adresse à toutes les femmes**. Parce qu'il n'y a pas LA FEMME.

On ne peut raisonner par essence même de la femme et s'adresser à toutes de façon uniforme. Au risque d'enfoncer des portes ouvertes, oui, chaque femme est unique, car chaque personne l'est. À la grande différence que les femmes ont mis beaucoup plus de temps à s'émanciper, à s'organiser, à se libérer que les hommes, et que le décalage civilisationnel est abyssal entre les deux genres.

Ce que l'on peut souligner, en revanche, c'est que l'ambition et le goût du succès, du bonheur au quotidien n'ont absolument pas de genre. D'ailleurs, vous connaissez certainement autant de femmes heureuses que d'hommes malheureux.
Ne vous y trompez pas : c'est le bonheur qui amène le succès, certainement pas l'inverse. Le succès n'apporte pas le bonheur, il est le résultat d'un chemin que vous aurez choisi de suivre.
Ce postulat de départ est déterminant. C'est par votre aptitude initiale à « capter » et à « diffuser » les ondes positives que vous emmènerez votre être là où vous le souhaitez, que vous vous frayerez votre chemin vers le succès que vous visez. Le vôtre.

UN LIVRE DE FEMME POUR TOUTES LES FEMMES

J'aimerais qu'à la lecture de ce livre, chacune se reconnaisse dans une situation vécue avec plus ou moins de difficultés. Vous l'aurez compris, ce guide n'est pas non plus une déclaration d'amour à la méritocratie : « Y a qu'à, faut qu'on » ou « Traverse la rue et tu trouveras ton job rêvé ». Il est en effet très difficile de se donner les moyens de ses ambitions. Et atteindre ses objectifs coûte que coûte a un prix. La lucidité qui va avec aussi.

La seule personne capable de fixer son cap avec réalisme, c'est vous-même. Vous êtes la seule personne à pouvoir dessiner votre cartographie de besoins, à trouver votre voie d'alignement.

Et la bonne nouvelle, c'est que **vous n'êtes pas la seule à vous poser des tas de questions** du type : comment gérer mon ambition et mon désir d'enfants, comment arriver à boire mon café chaud le matin avec les enfants à habiller et à emme-

ner à l'heure à l'école, comment être désirable, comment vaincre ma timidité, comment gérer mon temps, comment « y arriver », comment, comment, comment…
Toutes les femmes se posent les mêmes questions, peut-être pas au même moment ni dans les mêmes domaines, mais face aux doutes et aux questionnements, nous sommes toutes égales. « Suis-je assez intelligente ? Assez forte ? Assez belle ? » Je me pose des questions, vous vous en posez, on se les pose collectivement, alors essayons d'y répondre ensemble et d'avancer ! Car les questionnements seuls, si importants soient-ils, sont rarement moteurs.

Quand mes équipes sont dans une phase d'inertie ou rétives au changement, j'adore utiliser cette phrase d'Albert Einstein : **« La folie, c'est de faire toujours la même chose et de s'attendre à un résultat différent. »** En clair, pour avancer, il faut dire adieu à une part de soi pour qu'un nouveau moi prenne place. Alors, à quoi devez-vous dire adieu pour parvenir à la personne que vous souhaitez devenir ? Quels nouveaux comportements adopter ? Quelles nouvelles méthodes de travail ? Quelles nouvelles attitudes afin d'éviter de reproduire des schémas dysfonctionnels ?

Imaginez un chemin qui va de A à B. A étant « je suis », B étant « je veux être ». Essayez de ne pas être trop dure avec vous-même pour le point A, mais surtout, ne vous mentez pas à vous-même sur le point B. Si, par exemple, vous êtes profondément paresseuse et que vous n'aimez pas l'exercice sportif, ne tentez pas, en point B, de devenir athlète professionnelle en l'espace d'un an.

La deuxième bonne nouvelle, c'est que **pour chaque questionnement, il existe des outils, des formations, des réponses**. Ça ne sera pas toujours facile ou agréable – un peu comme le palper-rouler manuel (celles qui ont tenté de vaincre la cellulite avec cette technique sauront de quoi je parle). Atteindre ses objectifs personnels et professionnels n'est pas facile, certes, mais c'est tout à fait possible, dès lors que l'on travaille sa copie avec clairvoyance et principe de réalité. Et, face à cela, nous sommes absolument toutes égales. Ce n'est ni la classe sociale ni la beauté qui vont déterminer votre capacité à embrasser votre destin et votre bonheur. Vos avantages innés peuvent parfois vous faire accélérer, mais parfois aussi, à l'inverse, vous enfermer dans des certitudes ou des barrières auto-limitantes.

Je n'ai pas pour ambition d'être votre gourou des temps modernes façon Gwyneth Paltrow version *frenchy* ni votre maître à penser. Je me vois plutôt telle une coach du quotidien capable de vous aider à trouver en vous la réponse ou la force dont vous avez besoin. Ce guide est un révélateur de votre puissance innée ou acquise, tout du moins en cours d'acquisition.
En mettant à profit mon histoire personnelle, celles de mes amies rencontrées en chemin, celles des figures tutélaires que j'admire, vous verrez que **tous les destins de femmes qui réussissent ont quelque chose en commun : elles veulent tout, sans rougir, sans avoir à choisir entre se soumettre au système ou s'assumer**.

Parfois, ce sont des petites choses du quotidien qu'il suffit de changer pour commencer à construire sa propre pyramide de Maslow, cette pyramide qui hiérarchise les besoins, du besoin physiologique (survie) à l'accomplissement, en passant par le besoin de sécurité (protection), de socialisation (appartenance, liens), d'estime. La clé de la réussite repose sur toutes ces valeurs, mais pas nécessairement dans cet ordre-là et surtout dans les mêmes proportions à chacune des étapes. Ce qui importe le plus, c'est notre capacité individuelle à tracer des contours, à dessiner notre propre pyramide et notre propre calendrier. Ce trait de caractère pivot, commun à toutes les femmes qui « y arrivent », c'est la détermination additionnée à la confiance en soi.

“ SOYEZ VOTRE PROPRE INSPIRATION. ”

Votre énergie doit être concentrée sur un seul et même but : être heureuse au quotidien, en toutes circonstances, dans le domaine personnel comme le domaine social ou professionnel.

DE CHRISTINE LAGARDE À KIM K. : UN MÊME COMBAT

Nous sommes toutes capables d'apprendre les unes des autres en nous regardant mieux, en posant un œil bienveillant, sans jalousie, sans mépris, sans jugement sur unetelle, « sa réussite » et son bonheur. Cette fille que vous suivez sur Instagram et que vous adorez détester, demandez-vous pourquoi vous le faites et ce que ça vous apporte concrètement. Est-ce que ça vous apporte de l'inspiration et de la sérénité ou est-ce que ça vous fait perdre dix minutes et pester de colère ou de jalousie ?

Si la réponse est la seconde, arrêtez net. C'est une perte de temps, une perte d'énergie. Mettez-la en sourdine ou supprimez-la de vos comptes. C'est de l'hygiène psychologique.

C'est avec ces petits pas du quotidien que l'on construit un grand monde : le sien, articulé autour de son propre bonheur et de son propre chemin. Encore une fois, ça ne sera pas tous les jours facile, mais c'est possible, et vous allez y arriver.
Ce ne sera pas non plus le monde rêvé de la collègue qui vous fait fantasmer ou pâlir d'envie. Ce sera le vôtre, et c'est le seul qui compte, celui pour lequel vous devez vous battre, vous lever le matin et ne jamais perdre de vue.
Si quelqu'un vous donne un coup de pouce, quelques outils, vous montre la voie, laissez-vous guider et saisissez la main qui veut vous aider.
Si personne n'est là, créez-vous votre territoire, votre zone de confort. Nombreux sont les mantras du dimanche qui vous invitent à sortir de votre zone de confort pour trouver la magie. Personnellement, je pense tout le contraire.

Quand on prend un nouveau job par exemple, la première chose à faire, comme un petit chien, c'est de marquer son territoire, d'organiser votre zone de confort : apportez des photos des personnes que vous aimez, disposez des objets personnels, agrémentez votre environnement avec ce qui vous fait plaisir. Peu importe si c'est un vestiaire, un simple casier ou un bureau de ministre, investissez l'endroit. Marquez-le à chaud de votre identité. C'est la condition *sine qua non* à votre confort mental et cela conditionnera concrètement votre capacité à déplacer les montagnes et à jouer avec les obstacles que votre environnement professionnel n'aura de cesse de vous mettre sur le chemin.

La première chose que j'ai disposée sur mon étagère à mon retour de congé maternité, c'était mon tire-lait, jamais utilisé, mais il était là, à portée de ma vue. Il était là pour me rappeler qui j'étais : une femme très heureuse de reprendre ses fonctions, mais une femme qui allaite encore, et pas par conviction militante. J'avais choisi et assumé, tout simplement.

N'oubliez jamais que les journées des figures que vous admirez sont elles aussi faites de vingt-quatre heures. Ni une de plus ni une de moins. Alors, pourquoi ne pas tenter de devenir à votre tour votre propre *role model*, votre inspiration ?

FAITES DE VOS CONSŒURS VOS ALLIÉES !

Elle n'est pas un peu trop grosse ? Pas assez forte ? Timide ? Agressive ? Fantaisiste ? Hystérique ?
On entend tellement de jugements et de qualificatifs à l'encontre de celles qui s'exposent au regard des autres.
Certes, on a coutume de dire que la critique est toujours sincère quand le compliment ne l'est pas forcément. Mais ce qui va compter pour votre formation personnelle, ce sont justement les compliments, les encouragements, les mots bienveillants qui vous feront avancer et aller de l'avant.
Bien sûr, la critique peut être constructive, mais à moins d'être un bulldozer des émotions hermétique aux jugements – comme les scorpions ascendants scorpion par exemple (pour celles qui croient à la science des astres) –, elle est plus souvent destructrice et paralysante. Demandez à Cécile Duflot si elle s'est sentie puissante et en pleine confiance le soir où elle est rentrée chez elle, après avoir été sifflée et la cible de remarques sexistes à

l'Assemblée Nationale dans sa robe bleue fleurie.
« C'est le symbole du sexisme en politique désormais » a-t-elle réagi quelques jours après la scène. Elle se dit aujourd'hui fière de « porter le flambeau du féminisme pour les générations suivantes ». On a vite fait de juger les femmes selon la longueur de leur jupe, la force de leur voix, l'excès de confiance en elles quand elles « osent » prendre la parole en public.

Et si on lançait le grand retour des compliments et des mots qui paraissent parfois un peu niais au goût de certains ?
Car rien n'est plus valorisant pour une femme que le compliment reçu d'une autre femme, surtout si c'est un compliment physique. Pensez-y la prochaine fois que vous aurez besoin d'un petit coup de boost au moral ! Pas besoin d'aller à la pêche aux compliments, mais apprenez à en distribuer un maximum autour de vous, dès lors qu'ils sont sincères et appropriés – il est souvent délicat de complimenter sa N+1 au bureau ; elle se demandera ce que vous cherchez à faire. Faites le test : offrez un compliment sincère à une femme que vous connaissez un peu ou depuis peu. Vous avez neuf chances sur dix de recevoir en échange un sourire, gêné ou à l'inverse fier. Et six chances sur dix pour en recevoir un autre en retour. Essayez, vous verrez.

UN GUIDE PRATIQUE

Je préfère éviter un malentendu : ce livre n'est pas une note exhaustive pour s'embourgeoiser, diriger une boîte du CAC 40 la semaine et passer ses week-ends dans une résidence secondaire en Normandie, en confiant ses enfants à trois nounous, de nuit comme de jour.

JE VEUX TOUT se veut un ouvrage pratique, qui s'adresse à **toutes les femmes en quête d'équilibre de vie, qu'elles soient hauts cadres, employées intérimaires ou encore mères au foyer**. Vous trouverez ici des solutions concrètes et des conseils facilitateurs pour transmettre l'énergie, la détermination, mais aussi le pragmatisme qui font de la vie d'une femme un tout cohérent et épanouissant.

Dans les chapitres à venir, nous parlerons du corps, de l'esprit ou plutôt de l'état d'esprit, des choix professionnels et personnels gagnants. Car je suis intimement convaincue que tant que votre capital inné (corps et esprit) ne sera pas connecté et relié pour guider vos actes avec confiance, sérénité, certitude, conviction et énergie de vie, rien ne pourra réellement se passer, s'activer. C'est le passage obligé. Le seul et le plus important pour vous-même. Après, ce ne sera que de la pratique, du bon sens, de l'entraînement de vie. Apprenez donc à vous connaître, à vous écouter, à vous « identifier ».
Les chapitres suivants seront des champs d'application pour votre vie professionnelle et personnelle.
Il n'y a aucune solution miracle, aucune doxa dans ce guide qui se veut universel. En aucun cas, il n'est présomptueux ou donneur de leçons ; il est là pour aider chacune d'entre vous à sa manière, sans jugement, sans classement. Justement, parce que chacune a des problématiques propres, il ne peut prétendre à y répondre individuellement. En revanche, vous pourrez individuellement être capable de répondre à vos problématiques personnelles si l'on vous montre le chemin, les étapes, les outils. Ainsi, chaque idée théorique est illustrée par un exercice pratique à appliquer dans le quotidien, de manière à pouvoir, à côté de la lecture de

ce livre, s'écrire un petit carnet d'astuces, de bonnes idées, de conseils pratiques. Une sorte de pense-bête pour petit à petit agir dans le sens du bien-être, de l'équilibre, de l'ambition d'un bonheur quotidien, du succès féminin.
Ce guide du quotidien se veut inspirant et donne donc des astuces pour relever chaque défi que le quotidien vous réserve et vous accompagner afin de vous aider à atteindre vos objectifs de vie, quels qu'ils soient. Certaines phrases résonneront en vous, certains outils, je l'espère, supplanteront vos anciennes habitudes – comme vous isoler pour pleurer aux toilettes quand ça ne va vraiment pas.
Vous repenserez peut-être aux témoignages de femmes que je vais partager ici avec vous, qui ont vécu la même chose que vous, que moi, que nous.
Parce qu'il n'y a pas de grands drames ou de petits drames. Il n'y a pas de grands rêves ou de petits rêves. Des grandes ambitions et des mini-vies.
Il y a vous et c'est tout ce qui compte finalement en substance.
Vous et votre chemin.
Vous et vos envies. Vous et vos peurs. Vous et vos freins.

Gardez ce livre toujours près de vous, dans votre sac à main pour pouvoir y jeter un œil avant un entretien professionnel, une prise de décision compliquée, quand vous vous sentez proche du burn out professionnel... ou parental ! Qui n'a pas connu ce moment où l'on déteste le premier venu, le voisin de file d'attente au supermarché, quand on tient, impatiente et dans l'urgence, un pack de lait infantile alors que lui, vraisemblablement, organise nonchalamment un apéro joyeux ?

Je vous encourage à lire, à « stabiloter », à annoter ces pages pour ensuite agir avec conviction, lucidité, courage afin d'atteindre votre objectif de vie avec panache et autosatisfaction. Il ne tient qu'à vous de choisir d'aller là où vous le voulez, l'essentiel étant de choisir !
Je vous imagine déjà en train de lire ces lignes après avoir acheté ce livre au titre accrocheur et plein de promesses...
Choisir de lire ce livre, c'est déjà accomplir la moitié du chemin qui vous emmènera vers ce monde tellement épanouissant : le monde des femmes libres. Le monde des femmes décomplexées, fortes et courageuses qui décident pour elles-mêmes au quotidien en s'affranchissant du regard des autres, des hommes et des injonctions sociétales.

Bonne lecture, et bon chemin à toutes.

PARTIE I

Le corps féminin, UNE MACHINE DE GUERRE

Un corps performant, qu'est-ce que c'est ? Comment faire pour se construire une condition physique qui permette de se sentir à la fois bien dans sa peau et en pleine possession de ses moyens ? Est-ce se sentir belle ? Pourquoi pas. Mais se sentir forte, c'est mieux.

CONNECTEZ BIEN-ÊTRE ET PUISSANCE PHYSIQUE

L'idée de ce chapitre n'est pas de vous guider dans vos routines « beauté ». L'objectif est de vous montrer le chemin qui va vous aider à prendre possession de votre corps et de vos moyens physiques. De vous donner les clés de la réussite, du bien-être, de la puissance corporelle indispensable au bien-être global. Je ne parle pas d'un bien-être béat et contemplatif, mais d'un état d'équilibre physique qui vous permette de révéler votre potentiel et de faire de votre corps un allié, un moteur au quotidien.
Voyez votre corps comme une maison où habite votre esprit. Si les fondations ne sont pas solides, elles vont céder à la première tempête. Pour les solidifier, faut-il mincir ? Grossir ? Mincir à nouveau ? Jeûner ? S'inscrire pour la énième fois au club de sport sans pour autant le fréquenter ? Autant de questions qui reviennent régulièrement et qui restent souvent sans réponses. Autant de tentatives avortées qui vous dépriment ou vous font culpabiliser. Et si vous donniez du sens à vos actions de santé physique ?

DÉFINISSEZ VOTRE *LIFESTYLE* GAGNANT

Avant de répertorier les différentes techniques capables de vous créer un corps performant, il est essentiel, avant tout, de prendre conscience de ce que vous souhaitez en matière d'objectifs et surtout de ce que vous êtes capable de tenir sur la durée concernant votre régime de vie, de routines physiques, de choix. C'est ce que l'on appelle son *lifestyle*, son « mode de vie ».
En effet, on ne peut pas improviser des choix si l'on vise un corps performant. Je vous propose maintenant de vous préparer à la

manière d'un athlète de haut niveau, de vous forger un corps entraîné à gagner, fait pour être performant, lutter et surtout s'adapter au rythme du quotidien et aux cycles de la vie féminine : sommeil, alimentation, grossesse, allaitement, cycles menstruels, ménopause.

Car le bonheur et le succès au quotidien sont conditionnés par la bonne santé physique de votre corps. Bien sûr, la santé morale et la santé psychologique sont aussi déterminantes. Le prochain chapitre leur sera consacré.

Le corps est donc la base capitale, la fondation de notre capacité à performer au quotidien. Si vous passez un entretien ou un rendez-vous important le lendemain d'une nuitée hachée par les pleurs de votre nourrisson ou d'une soirée excessivement alcoolisée, il y a fort à parier que vous ne serez pas au maximum de vos aptitudes intellectuelles : vous ne serez pas en pleine possession de vos moyens. Ça peut sembler être d'une banalité déconcertante, et pourtant, faites l'exercice.

“ LE CORPS EST DONC LA BASE CAPITALE, LA FONDATION DE NOTRE CAPACITÉ À PERFORMER AU QUOTIDIEN. ”

JE PASSE À L'ACTION

→ J'analyse mon environnement

Observez dans votre entourage les personnes les plus performantes professionnellement et socialement parlant. Vous avez huit chances sur dix de constater qu'elles pratiquent du sport régulièrement et qu'elles veillent à leurs temps de récupération.

→ J'observe qui j'admire

Continuez l'exercice et demandez à trois personnes dont vous admirez la carrière si elles pratiquent du sport ou si elles ont des règles d'hygiène. Si oui, notez-les et demandez-vous si vous seriez capable de les appliquer à votre tour au quotidien.

→ Je définis mes aptitudes

Si la réponse est oui, pensez-vous raisonnablement pouvoir les tenir dans le temps ? Soyez honnête avec vous-même.

L'objectif de cet exercice est de vous aider à prendre conscience que l'on ne peut pas improviser ses choix dans des domaines capitaux comme la forme physique (sommeil, sport, alimentation...), qu'il faut au contraire les « conscientiser » pour ne pas les subir et les définir de façon à ce qu'ils soient pour vous tenables et utiles.

QUEL EST VOTRE POINT D'ÉQUILIBRE ?

Aujourd'hui, un grand nombre de personnes cherchent plus que jamais ce que les Américains nomment le *Work-Life Balance*, ou l'équilibre entre la vie personnelle et la vie professionnelle. À chacun sa recette, il n'y a pas de dogme universel sur ce point. En revanche, tout le monde s'accorde pour dire que le point clé recherché, c'est l'équilibre. C'est cet équilibre qui est l'objectif, le résultat absolu recherché par la mise en place d'une hygiène de vie, d'un *lifestyle*. Certains vont ainsi trouver leur salut et leur équilibre dans le chaos (ils sont peu nombreux !), mais la grande majorité a besoin de points de repère, de rendez-vous réguliers avec soi-même pour se sentir puissants physiquement.
Ainsi, prendre conscience de ses besoins, les définir, les mesurer et les organiser constitue un premier principe majeur dans la construction de ce corps optimisé.

Personnellement, je ne m'applique aucun régime miracle, pas plus que je ne fais l'apologie du bio ou du running. En revanche, très jeune, grâce à la pratique de la danse, à beaucoup de bon sens et d'écoute de moi-même, j'ai compris que je n'irais pas très loin si j'abîmais mon « capital » physique. J'ai rapidement constaté que j'étais plus épanouie, plus heureuse lorsque je réussissais à atteindre les objectifs que je m'étais fixés. De même, j'ai bien vu que si j'étais fatiguée, mal dans ma peau, anxieuse, je ne réussissais pas aussi vite et aussi bien les épreuves de la vie.
J'ai donc très tôt opté pour un *lifestyle healthy* : j'ai défini mon cadre de sommeil indispensable (nombre d'heures de sommeil, routine lever-coucher, heure de coucher) mes « super » aliments, mon rythme d'exercice physique, mon organisation idéale. Avec l'âge, je me suis ouverte à plus de réflexion sur l'équilibre

spirituel et les bénéfices de la respiration maîtrisée, du yoga et de la méditation. Ces outils ont complété mon *lifestyle* sain mais jamais ennuyant !

Pour moi, l'adrénaline, la joie de vivre, la force apportées par le bien-être physique ont toujours été beaucoup plus puissants et supérieurs à l'excitation qu'apportent les plaisirs de courte durée comme l'alcool festif, les drogues du bonheur et autres addictions viciées. J'ai donc toujours adopté un mode de vie assez sain, sans excès, mis au profit de mon bien-être et de mes objectifs de bonheur, de réussite. Et vous savez quoi ? Les résultats ont toujours primé sur les efforts. J'ose avouer que je trouve du plaisir dans la satisfaction que procure le fait de ne devoir qu'à soi-même sa réussite.

EN RÉSUMÉ

ÊTRE FIÈRE DE SOI, DU TRAVAIL ACCOMPLI, SE DONNER SOI-MÊME LES MOYENS DE SA PUISSANCE INTÉRIEURE, COMMUNIER AVEC SOI-MÊME, SE FAIRE CONFIANCE ET CHERCHER LE MEILLEUR SANS SE PRÉOCCUPER EN PERMANENCE DU JUGEMENT D'AUTRUI, C'EST ASSURÉMENT DE L'*EMPOWERMENT* PERSONNEL.

OFFREZ-VOUS UN CADRE RÉGÉNÉRATEUR

Connaître ses besoins en matière de sommeil mais aussi de repos, de « récupération » et s'y tenir, respecter son horloge biologique interne sont indispensables dans notre parcours.

Concrètement, si vous avez besoin de huit heures de sommeil par nuit pour être en forme et « assurer », ne vous attendez pas au même résultat si vous en dormez deux de moins la veille d'un rendez-vous important.

Si votre but est de tenir toute la semaine à un rythme professionnel et personnel intense, organisez-vous en conséquence et en particulier par rapport aux moments clés de la semaine où vous aurez besoin d'être au top. Parfois, cela signifiera de renoncer à regarder un film ou à vous rendre à un dîner sympa. Attention, je ne dis pas qu'il faut se couper du monde et se murer dans une vie d'ascète. Il s'agit juste d'être claire et alignée avec soi-même, avec ses besoins.

« PRENDRE CONSCIENCE DE SES BESOINS, LES DÉFINIR, LES MESURER ET LES ORGANISER CONSTITUE UN PREMIER PRINCIPE MAJEUR DANS LA CONSTRUCTION DE CE CORPS OPTIMISÉ. »

JE PASSE À L'ACTION

→ Qu'est-ce qui est le plus important pour vous :

a) aller à ce dîner
b) réussir ce rendez-vous programmé demain matin ?

→ Si c'est a),

qu'il vous tient plus à cœur d'aller à ce dîner et de veiller probablement en buvant et en riant, alors faites-le bien sûr. Mais dans ce cas, ne vous plaignez pas le lendemain si vous n'êtes pas au top de vous-même. Votre corps s'en chargera pour vous de toute façon.

→ Si c'est b),

demandez-vous de combien d'heures de sommeil réparateur profond vous avez besoin. Ajoutez une petite marge de 10 % pour le temps d'endormissement et de réveil et vous devriez être bien.

“

LE CORPS
DIT TOUT
ET SIGNALE
TOUT.

”

SOYEZ À L'ÉCOUTE DE VOTRE CORPS

Le corps dit tout et signale tout. Malheureusement, dans le monde occidental contemporain, on nous a méthodiquement désappris à l'écouter, à faire sans lui.

Quand il a faim, le nourrisson pleure pour qu'on l'alimente ; quand il est fatigué, il dort pour récupérer. Si un nouveau-né arrive à manifester ses besoins et à respecter son rythme, notre condition innée de vie, pourquoi diable ne voulons-nous plus écouter notre corps une fois adulte ? Le monde occidental nous a appris à raisonner beaucoup trop et a déconstruit notre capacité à écouter et à sentir nos besoins les plus primaires. Il les a mis en sourdine et les a invités à passer après.

C'est une grave erreur ! Le sommeil est l'un des vecteurs majeurs de santé, donc de performance physique. Or nous savons démontrer que la performance physique est la main armée de l'ambition et du succès.

De grâce, autorisez-vous à récupérer dès que vous le pouvez. Soyez à l'écoute de tous les signaux émis par votre corps. Car, avant de tomber malade, le corps alerte et montre ses premiers signes de fatigue.

Chacun sait que le système immunitaire dysfonctionne si le corps est fatigué, stressé ou malmené. Combien de burn out parentaux, de crises, voire de divorces, compte-t-on peu après l'arrivée d'un nouveau-né ? Si vous êtes parent, vous savez combien le manque de sommeil est difficile à vivre. Si l'on n'est pas préparé à ce tsunami physique, ce dérèglement du sommeil, alors on craque. Les plus fortunés ou les plus chanceux appellent à la rescousse des « dormeuses », des personnes qui viennent à domicile soulager les jeunes parents pour qu'ils puissent faire des nuitées complètes. Dans une version plus accessible et universelle, il y a les parents, les beaux-parents, les amis, le cercle proche qui peut se charger d'une nuit à votre place. Avec votre partenaire, relayez-vous autant que possible pour récupérer. Et surtout, la règle principale : quand votre bébé dort en journée, dormez aussi. Peu importe l'heure. N'astiquez pas, ne pliez pas, ne cuisinez pas, dormez ! Récupérez.

Ne restez pas seule avec votre détresse et votre manque de sommeil. Demandez de l'aide afin de pouvoir dormir, c'est tout ce qui compte.
Dans un autre registre, n'hésitez pas non plus à pratiquer ce que l'on appelle les *power nap*, ces siestes flash qui n'excèdent pas vingt minutes et qui pourtant revigorent les plus épuisées d'entre nous. Je me suis toujours demandée pourquoi il n'y avait pas plus de « bars à sieste » en France. Des espaces bulles 100 % confort, comme au Japon, où l'on pourrait en toute sécurité « se recharger » le temps d'une sieste, au cours d'une longue journée de travail encadrée par les transports en commun pour ainsi soulager la fatigue chronique engendrée par ce rythme. L'idée n'est pas de ramollir, c'est tout le contraire, il s'agit de vous recharger pour repartir de plus belle.

EN RÉSUMÉ

ÉCOUTEZ-VOUS, ÉCOUTEZ VOS BESOINS EN MATIÈRE DE SOMMEIL, DE RÉCUPÉRATION. N'OUBLIEZ JAMAIS QUE VOTRE CORPS A BESOIN DE REPOS POUR BIEN FONCTIONNER ET DONNER SON MAXIMUM.

MISEZ SUR L'ADRÉNALINE DU SPORT

Ce qu'il y a de formidable avec le sport, en plus des valeurs qu'il prône – rigueur, discipline, goût de l'effort et de la performance – c'est l'effet quasi immédiat et visible qu'offre sa pratique régulière. En plus d'être accessible à tous, le sport a un effet dopant immédiat : le résultat visuel, celui que l'on guette. Car le sport vous incite à vous faire face devant un miroir pour observer les effets, les résultats de sa pratique. Si la pratique est extérieure, pas de miroir, mais je gage que vous aurez envie d'observer votre corps, ou plutôt les changements de votre corps après la douche. En salle, impossible d'échapper aux glaces, elles sont partout : vestiaires, salle de fitness.

Voir son corps se transformer, se dessiner a un effet euphorisant extrêmement positif : c'est la récompense de vos efforts. Cela participe au plaisir que produit sa pratique. L'effort est valorisé et visible, il booste.

Au-delà même du bénéfice sur le bien-être physique, le sport procure un bénéfice moral, mental. Il vous fait comprendre, en quelque sorte, que tout travail mérite salaire et que les efforts que vous fournissez sont récompensés et non vains. Nous avons tous besoin d'une carotte pour avancer. Pouvoir évaluer, « contempler » des effets bénéfiques est un énorme *ego-boost* !

Le sport permet aussi de se « vider la tête ». Il pousse également à se faire face physiquement, à se regarder tel que l'on est ; à force d'effort, il permet d'apprécier les effets bénéfiques et visibles que la régularité d'une activité procure. Ce qui améliore la confiance en soi.

En plus de ces notions de bien-être physique et moral, il a été prouvé que le sport est bon pour les neurones. Il crée de nouvelles connexions entre eux et renforce ainsi les aptitudes psychiques de ceux qui le pratiquent régulièrement.

INDISPENSABLE POUR TENIR LE RYTHME

Sans surprise, les grands dirigeants ont souvent les mêmes coachs que les stars de la pop culture... quand ce ne sont pas ceux des grands sportifs. Contrairement à la pensée commune qui voudrait nous faire croire que ces personnes sont futiles et obsédées par leur image physique, leur apparence, ces femmes et ces hommes de pouvoir s'entraînent physiquement avant tout pour être performants dans leurs fonctions professionnelles, même si beaucoup avouent avoir recours à cette soupape de bien-être pour décompresser. Car enchaîner des débats politiques en direct, des tournées de concerts ou des compétitions sportives, c'est une performance. Elle repose bien sûr sur des compétences techniques, du savoir-faire, de l'expérience, mais elle n'en est pas moins une performance physique qu'il ne faut pas négliger ou minimiser.
Si le corps est un formidable outil, il peut aussi être votre plus grand frein au quotidien s'il est mal utilisé ou mal entraîné. À chacun de trouver sa recette pour se sentir en forme et en possession de ses moyens, au sens propre.

“

VOIR SON CORPS SE TRANSFORMER, SE DESSINER A UN EFFET EUPHORISANT EXTRÊMEMENT POSITIF

”

JE PASSE À L'ACTION

→ Choisissez votre sport

Si vous ne pratiquez pas encore, repérez sur le site de n'importe quelle salle de fitness la discipline sportive qui vous intéresse le plus.

→ Choisissez votre « formule »

en fonction de vos moyens financiers (coach privé, club, pratique gratuite – vive l'*outdoor* et le running !).

→ Choisissez une tenue

qui vous plaît, dans laquelle vous vous sentez bien. C'est très important car le sport va être un rendez-vous avec vous-même. Si d'emblée vous ne vous aimez pas, ça ne pourra pas fonctionner.

→ Organisez des sessions collectives

avec des collègues ou des amies du même niveau que vous si vous n'arrivez pas à vous motiver seule (s'il y a une bombe sportive parmi vous, c'est l'angoisse pour tout le groupe !). Les autres personnes vous remercieront pour l'initiative.

→ Tenez un tableau de motivation personnelle en fonction de vos objectifs

Par exemple, une séance par jour les semaines 1 à 5. À chaque séance respectée, notez une croix dans votre tableau. Au bout de cinq croix, offrez-vous quelque chose – un joli carnet, une bougie, une petite chose matérielle de manière à valoriser vos efforts.

Il vaut mieux prévoir un rythme raisonnable auquel vous pourrez assurément vous tenir quitte à l'augmenter plutôt que de partir sur deux séances journalières que vous ne tiendrez plus dès la deuxième semaine. Mieux vaut réussir un peu et souvent pour augmenter ses défis ensuite. L'idée est de célébrer au maximum toutes les victoires, y compris les toutes petites.

EN RÉSUMÉ

LE SPORT EST UN OUTIL DE STIMULATION PHYSIQUE ET INTELLECTUELLE FORMIDABLE. C'EST AUSSI UNE AIDE À L'APPRENTISSAGE DE L'AUTO-MOTIVATION. FAIRE COMPRENDRE À VOTRE CERVEAU ET À VOTRE CORPS QUE L'EFFORT EST PAYANT, VISIBLE ET QU'IL VOUS PERMET DE VOUS SENTIR ENTRAÎNÉE, PUISSANTE, FORTE, PERFORMANTE, EN PLEINE POSSESSION DE VOS MOYENS, EN MAÎTRISE DE VOS CAPACITÉS, C'EST L'EFFET WIN-WIN. RÉVÉLEZ VOTRE POTENTIEL AU MONDE ENTIER.

FAITES DU TEMPS VOTRE MEILLEUR ALLIÉ

Tout comme la récupération physique, un autre élément est déterminant dans l'entraînement d'un corps programmé pour vous servir : il s'agit de la gestion du rythme. Le rythme et l'organisation de son quotidien sont les garde-fous de la performance.

INCOMPRESSIBLE OU OPTIONNEL ?

- Commencez par **distinguer et par définir** ce qui est de l'ordre des **temps incompressibles** – temps de travail, temps de préparation des enfants le matin, temps de transport, temps de sommeil, temps des tâches ménagères (linge, cuisine, ménage, courses...), temps de récupération des enfants chez la nounou ou à l'école, etc. – et des **séquences optionnelles** (hobbies, plaisir, loisirs, shopping...).

À votre avis, de quelle catégorie le sport fait-il partie ? La première bien sûr, il n'est pas un hobby, il est de l'ordre de l'hygiène de vie.

- Définissez ensuite **en fonction de vos moyens financiers** ce que vous pouvez ou voulez **déléguer** raisonnablement (ménage, repassage, sortie d'école...).
- Listez aussi ce qu'il est possible d'**automatiser** au moyen des services d'appli ou d'abonnement sur Internet disponibles près de chez vous. Personnellement, j'avoue, je bénis chaque jour les sites de livraison à domicile dont entre autre Frichti. Ils sont devenus les meilleurs alliés de mon quotidien pour l'approvisionnement en couches, en

lait, en eau, et autres petits pots pour le premier et en petits plats pour le second. Si vous ne connaissez pas, Frichti est une application révolutionnaire qui vous permet de manger sainement un vrai plat cuisiné pour une dépense moyenne de 6 ou 7 euros (promis, je n'ai pas de part chez eux !). Pour celles qui vivent à Paris, le compte est vite fait : le temps perdu dans les rayons du supermarché additionné à la fatigue nerveuse de chercher de quoi faire à manger chaque soir, puis de préparer le plat choisi, sachant que la scène se rejoue à peu près trois cents fois dans l'année si vous enlevez les fêtes et les vacances, c'est autant de fois où vous pourrez économiser au sens propre (monétaire) et au sens figuré (fatigue) !

Attention, je ne fais pas l'apologie de l'ubérisation de la société. On peut bien sûr saisir trois œufs au plat, laver une salade et préparer une vinaigrette maison en deux minutes. Mais si vous sortez d'un tunnel de dix heures de travail, suivi d'une heure de transport et que vous rêvez déjà de vous coucher alors que vous attend la fameuse deuxième journée à la maison – et son charmant TBDD, tunnel bain-dîner-dodo –, selon l'expression consacrée, autant déléguer au maximum et céder aux avancées technologiques quand c'est possible.

IL N'Y A PAS DE HONTE À DÉLÉGUER

Dites-vous que déléguer, automatiser, ce n'est pas mal. Surtout, déculpabilisez-vous totalement de cette charge mentale-là. Vous ne serez pas une moins bonne mère ou une personne de moindre qualité parce que vous confiez à d'autres des tâches que vous pourriez faire vous-même. Vous-même et votre conjoint avez surtout besoin d'être présents à 100 % quand vous êtes ensemble, avec vos enfants, dans la bonne humeur si possible.

Il n'y a pas de miracle : pour réussir, il faut accepter de se faire aider, accepter d'automatiser certaines tâches, de les déléguer en version *low cost* mais maxi profit personnel ! Sans oublier bien sûr, pour celles qui le peuvent, de déléguer à leur compagnon de vie.
Personnellement, je m'en sors aussi parce que j'ai une nounou « sortie d'école » fantastique, qui partage nos valeurs familiales et en qui j'ai toute confiance ; je l'aime comme un membre de ma famille. C'est un point essentiel pour l'équilibre des familles. En effet, cette personne est tout sauf une garde d'enfants : c'est soit votre meilleure alliée du quotidien, soit à l'inverse une galère sans nom. Le casting de cette personne est donc fondamental. Ne minimisez pas l'importance de ce partenaire.

Je m'en sors également parce que j'ai mis au point un système personnel que je trouve ultra-efficace pour la gestion du soir. Il ne conviendrait certainement pas à toutes, mais il me convient à moi, et c'est ce qui compte ! Ainsi, le soir, je cuisine rarement et je dîne lorsque mes enfants encore petits sont couchés, pour me préserver un « temps des adultes ». En semaine, je ne suis pas pour les repas du soir en famille. D'une part parce que mon planning ne me le permet pas et d'autre part parce que l'activité est trop intense pour y parvenir ; c'est un vœu pieux. Je préfère avoir une heure trente de grande qualité avec mes enfants pour jouer avec eux, se raconter notre journée, plutôt que de courir après le temps et jongler entre une casserole et une histoire à écouter. Cette organisation fonctionne pour les familles

avec enfants en bas âge, j'en ai bien conscience. Il est nécessaire de trouver son système personnel lorsque les enfants sont plus grands, qu'ils rentrent tout seuls de l'école et que l'attention adulte doit se porter plutôt sur la vérification des devoirs, par exemple.
La constante reste néanmoins toujours un peu la même : réussir à préparer un dîner, que les bains soient faits tout en vidant la machine à laver ou le lave-vaisselle… le *multitasking*, c'est-à-dire plusieurs tâches en même temps dans un laps de temps très resserré. Il y a, à mon sens trois règles principales à respecter.

La première, c'est déjà d'en être consciente et donc de ne pas s'énerver ou culpabiliser de ne pas y arriver tout de suite.

La deuxième, c'est de « découper » par séquences ces tâches, de s'écrire une sorte de chronologie de tâches, de se dire entre telle heure et telle heure étape A, puis étape B, et ainsi de suite. Évitez le chaos ou l'hystérie au maximum. Restez calme.

Troisième règle : définissez coûte que coûte à quel moment vous aurez un temps hyper-qualitatif et joyeux avec vos enfants et avec votre conjoint. Un temps « vide ». Un encart libre où il n'y a pas de tâche C, D ou E. Un temps d'échanges sur la journée, ou sur l'actualité, les projets du week-end prochain ou des prochaines vacances. Parler des projets à moyen terme vous permet de mentaliser une « carotte », de sortir de l'ordinaire et du quotidien parfois âpre et répétitif.

Visez loin, osez rêver, même avec les deux pieds bien ancrés dans la réalité de la journée où il reste à étendre le linge propre…

“

TROUVER CE POINT D'ÉQUILIBRE ENTRE L'HORIZON QUI INSPIRE ET LE MOMENT PRÉSENT QUI ANCRE DANS LE RÉEL.

”

OFFREZ-VOUS UN SAS DE DÉCOMPRESSION

Conseil ou plutôt précision de taille : ne rentrez jamais chez vous sans avoir fait le vide et laissé votre stress de la journée et des transports sur le pas de votre porte.
Si vous avez passé une journée atroce, partez si vous le pouvez quinze minutes plus tôt afin d'avoir un sas de décompression avant le retour à votre domicile. Utilisez ces quinze minutes pour, au choix, boire un verre en bas de chez vous, faire un exercice de respiration, vous acheter du chocolat, n'importe quoi qui vous fasse du bien et qui vous apporte du réconfort l'espace de quelques instants. Ça semble anecdotique, mais ce sont parfois les quinze minutes qui vont sauver votre soirée et, accessoirement, vous prémunir d'une crise avec votre conjoint et vos enfants.
Si vous êtes chez vous, vous êtes CHEZ VOUS. Pas encore à moitié en réunion ou sur les réseaux sociaux à répondre à une copine. Les personnes qui constituent votre famille vous aiment et vous attendent comme si vous n'aviez pas été là pendant des semaines ; il y a un pacte tacite de réciprocité des attentions au sein de ce petit monde qui constitue VOTRE monde.
Plus vous serez attentive aux rythmes de votre mini-PME (votre cellule familiale) et organisée en conséquence, moins il y aura de trous dans la passoire et moins le temps filera à vos dépens.
Pour celles qui auraient le sentiment de virer *control freak* à tout vouloir contrôler, je réponds qu'il s'agit juste de planifier, de schématiser, de conceptualiser un peu son quotidien après s'être observée de l'extérieur.

JE PASSE À L'ACTION

→ Listez en deux colonnes les tâches incompressibles de votre semaine type :

- Les invariantes et le temps alloué à chaque tâche (colonne de gauche).
- Les variantes : les tâches variables et non obligatoires (colonne de droite).

Attention, si jamais voir votre mère ou votre meilleure amie une fois par mois le samedi à déjeuner est une envie, une habitude, alors ça passe en colonne de gauche. Et oui, tout se cale ! Pas le choix pour s'organiser et pour planifier. En revanche, si c'est juste quelque chose de spontané, non constitutif de votre colonne vertébrale organisationnelle, inscrivez-le dans la colonne de droite. Ce n'est pas un problème, laissez de la place aussi à la spontanéité ! La programmation de tout cela doit être ludique et réaliste, pas cynique.

→ Puis décidez : « Qui fait quoi ? Quand ? Comment ? »

→ Définissez ainsi une journée type

avec les grandes masses des séquences, y compris pour le week-end – surtout si vos enfants sont petits et que les siestes sont à peu près régulières.

Il n'y a plus qu'à suivre votre organisation toute personnelle !

EN RÉSUMÉ

VOUS N'ÊTES BIEN QUE DANS LA SPONTANÉITÉ, VOUS NE JUREZ QUE PAR LE GRAND CHAOS MÉTHODIQUE ET L'IMPROVISATION ? VOUS PENSEZ QUE PEU IMPORTE SI VOUS AVEZ ZAPPÉ LE GOÛTER DE NOËL DE L'ÉCOLE OU L'ANNIVERSAIRE DÉGUISÉ DU MEILLEUR COPAIN DE VOTRE FILS ? ÉVIDEMMENT, VOUS ÊTES LIBRE DE FAIRE COMME VOUS L'ENTENDEZ. POURTANT, SI VOUS AVEZ ACHETÉ CE LIVRE, C'EST PEUT-ÊTRE PARCE QUE VOUS CHERCHEZ LA PAIX SOCIALE, L'ÉQUILIBRE FAMILIAL ET AUSSI LE MOINS DE RIDES POSSIBLE, DE STRESS, DE TENSIONS, D'HYSTÉRIE, DE COLÈRES, DE FATIGUE NERVEUSE, DE GALÈRES. MOI, JE VOUS PROPOSE UN OBJECTIF : L'ÉQUILIBRE. ET UNE DESTINATION : LE BONHEUR ET LE SUCCÈS QUOTIDIENS.

TROUVEZ VOTRE RÉGIME ALIMENTAIRE IDÉAL

Sur ce terrain, surtout pas de dogme stérile ou culpabilisant, mais une seule règle : du bon sens ! Je n'ai jamais été grande fan des ayatollahs de l'alimentation. J'ai lu à peu près tout sur la chrononutrition, le bio, les régimes sans protéines, sans sel, sans sucre, sans lait de vache, sans oublier le sans-gluten.

Mon avis peut paraître simpliste mais je ne crois en rien de tout cela. Ni pour moi ni pour mes enfants. Je crois en revanche en un maximum de bon sens et au respect du calendrier des saisons. Je crois aussi beaucoup dans la formule « un petit peu de tout ». Je ne pense pas que l'on puisse faire tout le temps attention à tout, à chaque repas. Car manger, c'est notre lot quotidien. J'ai fait le calcul avec une amie : pendant le confinement, nous avons préparé en moyenne 362 repas et épluché, découpé au moins autant de fruits pour les goûters des enfants. Une corvée ? Pourtant, ça devrait être avant tout un vrai moment de plaisir vécu dans des moments de convivialité.

La question essentielle à vous poser est encore, là aussi, de vous connaître parfaitement pour savoir comment votre organisme réagit à telle ou telle diète. Ainsi, les intolérants au gluten savent qu'ils vont se rendre malades s'ils consomment des aliments en contenant. Nous avons tous un régime spécial sans pour autant tout rendre pathologique ou anxiogène.

LES JOURS ON ET LES JOURS OFF

À titre personnel, je suis une grande adepte des jours ON et des jours OFF :

- Les jours ON sont les jours où je réduis au maximum les apports en sucre, en sel et en gras.
- Les jours OFF sont les jours où je me lâche et cède aux appels de la gourmandise.

Je n'ai absolument aucune croyance en la capacité de l'être humain à enchaîner des semaines de jours ON. C'est impossible. La version alimentaire de Marie Kondo, pour moi, c'est peine perdue ! On ne peut pas rationaliser au maximum et s'interdire tout quand il s'agit de s'alimenter, surtout quand on ne vit pas seule. En revanche, on peut s'éduquer et apprendre à connaître les fruits et les légumes de saison, les apports nutritionnels des poissons les plus bénéfiques pour la santé, les super-aliments, etc. La littérature disponible à ce sujet est illimitée.

Mais essayons sur ce sujet précis de raisonner de façon élémentaire : plus le produit a voyagé, plus il est probable qu'il ait été traité chimiquement et rapporté dans des conditions non saines, polluantes. **Priorité donc aux circuits courts, locaux, régionaux, et surtout aux aliments de saison, cueillis à pleine maturité, donc gorgés de vitamines et d'antioxydants.** Tendez vers l'objectif d'arriver à connaître l'artisan, le fabricant, l'éleveur derrière chaque produit : si vous y parvenez, bravo ! En la matière, les pays au secteur primaire économiquement fort sont les mieux lotis. Allez demander à un Thaïlandais s'il mangerait un roquefort en pleine saison des moussons.

Les commerces spécialisés qui ont réinventé l'épicerie version *premium*, désirable mais coûteuse, ne sont pas les seuls à regarder cela de près. Il vous suffit de privilégier les petits commerçants de proximité ou le marché local aux grandes surfaces alimentaires. Opposer les deux pour des questions budgétaires est un faux débat. Il a été démontré et prouvé que l'on peut manger sainement à moindre coût en France et en Europe en général. **Continuer à faire croire aux classes populaires que le meilleur rapport qualité-prix se trouve dans les linéaires des supermarchés à coups d'offres fluo « trois pour le prix de deux » est la construction marketing la plus cynique et la plus puante qu'a pu produire le système libéral contemporain.** Il est surprenant que l'OMS ou le ministère de la Santé ne se soient pas encore attaqués sérieusement au problème de la malbouffe, vu le taux d'obésité en France, en particulier chez les enfants. En quarante ans, une étude publiée dans *The Lancet* a révélé que le nombre d'enfants et d'adolescents obèses dans le monde a été multiplié par dix !

De même que la publicité audiovisuelle a été régulée, la problématique de l'alimentation est une véritable question de santé publique.

Pour ce qui est de la **viande**, il est inutile pour notre organisme d'en manger tous les jours, idem pour celui des enfants. Du point de vue du portefeuille, ce sera fort utile de faire cette économie.

EN RÉSUMÉ

LA CLÉ DE VOÛTE ? DIVERSIFIER. L'ALIMENTATION DOIT ÊTRE RAISONNABLE, ET SI L'ON DOIT RETENIR UN PRINCIPE, CE SERAIT LE SUIVANT : IL FAUT MANGER UN PETIT PEU DE TOUT, ET DE SAISON. REVENONS AU BON SENS COMMUN DE NOS GRANDS-MÈRES !

JE PASSE À L'ACTION

→ Je fais un calendrier des menus de la semaine

pour vous et votre PME familiale.

→ Je vais droit au but

Il est faux de croire que vous allez pouvoir varier les menus chaque semaine de l'année. Pour chaque saison, utilisez les ingrédients phares et cuisinez les plats préférés de votre tribu qui ont fait leurs preuves ; ne cherchez pas à tout prix à innover, allez droit au but.

→ J'orchestre la répétition

Réfléchissez aux 4 ou 5 plats de la semaine et fournissez-vous en fonction, en mode *refill* hebdomadaire.

→ J'anticipe et je programme au maximumn

Réfléchissez à ce que vous pouvez préparer par anticipation, notamment le dimanche en prévision de la semaine et surtout, ayez les ingrédients à disposition. Je ne recommande pas les achats au jour le jour, souvent compulsifs – sauf bien sûr pour le pain et un petit complément. Vous allez y perdre en temps… et en argent.

N'hésitez pas à faire participer tout le monde dans la création de la *wish-list* idéale.

RÉAPPRENEZ À RESPIRER

La respiration est un sujet fondamental, elle est au cœur de votre chemin du bien-être et essentielle pour développer votre puissance physique.
Bien souvent, on envisage la respiration comme une fonction vitale – ce qu'elle est, bien sûr –, mais elle est aussi une arme redoutable pour équilibrer ses énergies et reprendre le dessus dans une situation émotionnellement éprouvante. Nombreuses sont celles qui, comme moi, vivent en permanence en apnée et ne s'en rendent même plus compte. Pourtant, savoir adapter sa respiration à son moment de vie est indispensable.
Nul besoin d'être maître yogi pour prendre conscience et apprécier les bienfaits d'une respiration maîtrisée, nul besoin d'être rompue à l'exercice de la spiritualité comme nous allons le voir.

UN FORMIDABLE OUTIL POUR MAÎTRISER VOS ÉMOTIONS

Pour apprendre à respirer, il faut commencer par nettoyer son nez – oui, comme vous le faisiez avec votre bébé. Et pour cela, vive le spray à l'eau de mer ! Le détail peut paraître grotesque pour les plus prudes d'entre vous, mais c'est pourtant élémentaire. Bien souvent, il faut savoir revenir à sa condition élémentaire pour apprécier les gestes du quotidien à leur véritable valeur ajoutée, au bien-être qu'ils apportent. Ces gestes simples (hygiène alimentaire, buccale, nasale, intime...) sont extrêmement importants car ils participent et contribuent à l'appréciation de soi et nourrissent votre estime personnelle. Ainsi, on pourrait actualiser le vieux proverbe « apprendre à tourner sa langue sept fois dans la bouche » par « apprendre à respirer une minute avant de répondre, d'agir ou de réagir ».

« N'OUBLIEZ JAMAIS : LE CORPS NE MENT PAS. LA RESPIRATION NON PLUS. »

Le pouvoir de la respiration est gigantesque. Que ce soit pour se calmer, pour réfléchir ou pour prendre une décision importante, faire un exercice de respiration est un trésor d'équilibre, malheureusement sous-exploité. Quand on réagit « à chaud », on le fait sans s'être donné le temps de se poser, de respirer et de réfléchir à ce qui vient de se jouer, de se dire, etc. **Respirer, c'est obliger le corps et l'esprit à équilibrer la situation, à ne pas paniquer. C'est apprendre à prendre du recul et à ne pas se précipiter ou se mettre en colère. C'est apprendre à regarder l'émotion de l'extérieur, contextualiser et circonstancier le réel.**

Savoir respirer est une aptitude accessible, simple et universelle. N'importe quel tutoriel sur Internet vous en explique les grands principes. OK, cela demande un peu d'entraînement, mais une fois les grands principes compris, bien respirer va vous changer la vie au quotidien. Exercice !

JE PASSE À L'ACTION

→ Je ne réagis jamais à chaud

Au travail, vous vous sentez offensée, critiquée, vous êtes stressée. Mais qui vous oblige à répondre ou à réagir tout de suite ? Comment vous sentirez vous après avoir crié en retour ou pleuré devant la personne qui vous agresse ? Mieux ? Franchement, ce n'est pas sûr.

→ Je me laisse un temps de respiration

Si vous laissez passer une minute – pendant laquelle vous fermez les yeux (au sens propre comme au sens figuré) et réfléchissez à ce qui est en train de se jouer – vous calmez votre respiration, vous reprenez le contrôle sur la situation et sur vous-même.

→ Je garde toujours à l'esprit mon bien-être

À chaque situation, l'objectif est toujours le même : votre bien-être, votre équilibre, votre succès au quotidien. La respiration autorise cela, elle y contribue fortement. Plus vous enchaînerez les jours et les semaines sans cris, sans colères et sans scènes, mieux vous vous porterez et moins vous serez fatiguée, usée.

BOOSTEZ VOTRE ESTIME DE SOI GRÂCE À VOTRE VESTIAIRE

Peut-être l'avez-vous remarqué ? Les individus qui dépriment ou se marginalisent se dégradent visuellement, consciemment ou inconsciemment. Ils se mutilent parfois volontairement ou optent pour des transformations radicales. C'est ce qu'on appelle en psychiatrie « le glissement ». Ces personnes basculent.
Lorsqu'une fois transformée par la coiffure, le look, le maquillage, une femme qui participe à une émission de *relooking* se met à pleurer, face à un miroir, c'est exactement le même procédé, sauf que c'est à l'opposé : elle glisse, mais de l'autre côté, pas vers la dépréciation mais au contraire vers l'appréciation de soi et la valorisation personnelle. Cette femme « s'optimise » en se valorisant physiquement.

Posez-vous cette simple question : d'où vient l'expression « se mettre sur son trente et un » ? » Au-delà de l'explication liée à la célébration de la fin de l'année, retenons que l'exercice de « se faire beau » est un procédé déterminant dans la conquête de soi. **Trouver son « look », son apparence idéale (silhouette, style, morphologie) est aussi important que trouver sa vocation professionnelle.** Se sentir bien dans sa peau est une étape indispensable dans la quête de son « moi » identitaire. À cet égard, je ne peux que vous conseiller le très éclairant et accessible livre *La Réconciliation* de Lili Barbery-Coulon. Un chemin de vie sincère et généreux. Faites le même exercice qu'Aure Atika impose à Géraldine Nakache dans le film de Lisa Azuelos *Comme t'y es belle !* (2006). Rappelez-vous cette scène mythique où Aure Atika décide de coacher le personnage de Géraldine Nakache pour faire d'elle une bombe atomique : « *Out* le Nutella, *out* les pulls de la LOOSE. Tout ça, c'est la loose, ça dégage. » Sous couvert de *gimmicks* humoristiques d'auteur, le scénariste applique dans cette scène les principes du concept de « l'habit du pouvoir ». C'est-à-dire que certains choix vestimentaires vous entraînent – ou pas – dans une logique de la gagne.

LA LOOSE OU LA GAGNE ?

En français dans le texte et en clair : on n'attrape pas des mouches avec du vinaigre. Vous trouvez ça triste ? Injuste ? N'essayons pas de moraliser ou d'intellectualiser à outrance, réflexe trop français. Américanisons plutôt le propos. Quand vous avez un instant de doute, que vous ne savez pas quoi répondre ou faire, demandez-vous toujours ce qu'Emmanuel Macron ou Kylian Mbappé feraient à votre place.

Objectif : avoir un *mindset* de champion. Un état d'esprit qui n'ouvre pas grand la porte aux doutes permanents, à l'anxiété, aux questionnements infructueux. Dans le domaine du style, il ne vaut mieux pas foncer tête baissée. Ou dire « Je ne vais pas y arriver » sans même avoir essayé. Il s'agit de se créer son dressing parfait de l'équilibre.

JE PASSE À L'ACTION

→ Je me libère des vêtements de la loose

Ouvrez vos placards et libérez-vous de tous les vêtements et de tous les articles dont vous avez secrètement honte.

→ Je garde l'utile, l'agréable et le nécessaire

Même pour vos vêtements de détente, de farniente, respectez-vous un minimum. OK pour garder les vêtements un peu usés mais qui vous sont chers. Mais pas OK pour garder les vêtements troués, tachés, mités, usés jusqu'à la corde.

→ Je recycle et je troque

- Les découper pour les transformer en chiffons de ménage quand c'est du coton (compliqué avec des matières synthétiques).
- Troquer, revendre, recycler, donner ou jeter.

Tant que vous y êtes, appliquez cette méthode pour les vêtements de toute la famille !

LE TRIO D'OR

Lors de votre tri, segmentez :

- Les vêtements de la **gagne** : pour les rendez-vous professionnels, amoureux, les fêtes ou autres soirées.
- Les vêtements du **quotidien** : faciles à porter tous les jours, confortables.
- Les vêtements **spécifiques** : liés à une saison (maillots de bain, parkas d'hiver...) ou à une occasion spéciale (jardinage, travaux...).

Et ce qui ne rentre pas dans ces cases, on s'en libère, on l'offre, on le troque !

Enfin, selon votre job et votre personnalité, répartissez le tout en pourcentage. L'équilibre commun, c'est 70 %-30 % : 70 % pour les vêtements du quotidien, 30 % à répartir sur les deux autres segments (gagne et spécifique) selon votre goût pour les vacances, la séduction ou votre fonction professionnelle. Le principe est libre dans son application.

EN RÉSUMÉ

IL N'Y A PAS DE RÈGLE UNIVERSELLE. IL Y A CE QUI VOUS CONVIENT À VOUS, SELON VOS OBJECTIFS – PAS CEUX DE VOTRE VOISINE. LE PRINCIPAL EST DE TROUVER VOTRE RECETTE, AVEC VOS INGRÉDIENTS ET VOS MESURES, VOTRE CADRE À VOUS. CERTAINES FEMMES SE SENTENT BIEN ET ALIGNÉES AVEC ELLES-MÊMES SI ELLES SONT BRONZÉES ET ÉPILÉES, D'AUTRES SE SENTIRONT BIEN SI ELLES SONT TOTALEMENT NATURELLES. À CHACUNE SA RECETTE. LES MAÎTRES MOTS RESTENT IDENTIQUES : LIBERTÉ ET ALIGNEMENT PERSONNEL. POUR S'ASSUMER ET S'ÉPANOUIR, C'EST LA VOIE CONSACRÉE.

ACCEPTEZ LES CYCLES DE LA VIE

Les cycles de la vie féminine (règles, grossesse, allaitement, ménopause...) sont des sujets passionnants et fondamentaux. Ils nécessiteraient des guides à part entière. N'étant ni gynécologue ni sage-femme, je ne m'autoriserai ici aucune prophétie, aucune doctrine, simplement là aussi une analyse personnelle et des retours d'expériences pour arriver à quelques conclusions largement partagées par mes consœurs primipares ou multipares, en France et à l'étranger. Je parlerai donc seulement de ce je connais désormais bien : la grossesse et le post-partum quant à ce que ces deux cycles transforment dans le rapport à soi et aux autres.

VOUS SEULE SAVEZ

Et finalement, s'il y a une seule chose à retenir, c'est que vous êtes la seule à savoir de quoi vous avez besoin : pour vous et pour votre bébé. Ce qui est plutôt réjouissant. Il y a tellement de littérature plus ou moins fondée, avec une approche plus ou moins scientifique, qui dit tout et son contraire qu'objectivement, la seule vraie leçon de vie partagée entre les femmes devenues mères, c'est qu'il vous faut **apprendre à vous faire confiance**.

Je me souviendrai toute ma vie – et je la remercie encore régulièrement – du conseil que m'a donné un jour Marie Faure-Ambroise, fondatrice de l'excellent site MyTravelDreams, au sujet de l'allaitement et du *cosleeping* pour les premières nuitées. J'étais la parfaite élève, je suivais les recommandations du pédiatre visité après la naissance : appliquée et voulant bien faire, je replaçais mon bébé dans son berceau après l'avoir nourri au sein à chaque session d'allaitement. Résultat : personne ne se rendor-

mait, la nuit était morcelée, le repos éclaté. Je racontai l'anecdote un peu penaude à Marie, qui s'empressa de ridiculiser en moins de temps qu'il n'en faut pour le dire le conseil du pédiatre. Je me suis sentie libérée d'un poids immense : « Ah bon, j'ai le droit de faire comme j'en ai envie ? » Quand j'y repense et que je m'entends prononcer ces mots, je me dis : « Mais quelle idiote. Comment ai-je pu bêtement écouter sans sourciller ? » Pourquoi les pédiatres ne prennent-ils pas en compte l'état psychologique et la fatigue des jeunes parents ?
Deux jours plus tard, heureuse et libérée, j'allaitais sans rallumer la lumière, sans faire de bruit et sans réveiller la maisonnée ; je relevais simplement mon haut et mon bébé restait gentiment collé à moi ou je le remettais dans son berceau. À ma guise, tout simplement. Selon mon choix. Le fait d'assumer ma liberté, mon choix de parentalité sur cette question m'a fait sentir mille fois plus responsable, plus heureuse, plus reposée. Je veillais à notre bien-être et à notre sécurité, à mon bébé et à moi. Une révélation.

Si je vous ai raconté cette anecdote, c'est parce que je pense que l'on peut tirer des enseignements sur l'ensemble des autres grandes séquences de la vie féminine. Pour bien vivre les changements de cycles, les transformations physiques que l'on subit et qu'on ne désire pas toujours, essayons peut-être de ne pas toujours les combattre ou les vaincre. Ce sont finalement les seules véritables inégalités de genre qui restent imbattables : on ne peut pas annuler le fait d'avoir ses règles tous les mois, on ne peut pas décaler la date du début de sa ménopause, mais on peut décider d'avoir un enfant ou pas. Et si l'on décide d'en avoir un, on peut décider des conditions dans lesquelles nous voulons l'accueillir.

EN RÉSUMÉ

SOYONS CONSCIENTES DE CES CYCLES DÈS LE PLUS JEUNE ÂGE ET APPRENONS À LES ACCEPTER POUR RÉUSSIR À EN FAIRE UNE FORCE, UN AVANTAGE. LA QUESTION DE L'ACCEPTATION DE CES « PHÉNOMÈNES » NATURELS EST DIRECTEMENT LIÉE À LA QUESTION DE LA REPRÉSENTATION DU CORPS FÉMININ, COMME NOUS ALLONS LE VOIR.

LIBÉREZ-VOUS DES ARCHÉTYPES FÉMININS

La femme européenne blanche, urbaine et connectée de 30 ans représente à peine 10 % de la population féminine mondiale. Et encore... Pourtant, cette femme *middle class* caucasienne trentenaire au cœur de tous les débats de cibles marketing n'est pas l'alpha et l'oméga de la représentation féminine contemporaine « inspirante ». On – entendez les médias et autres canaux marketing publicitaires – a longtemps voulu nous faire croire qu'une femme aspirait à trois « rôles modèles », quatre au mieux.
Au choix, nous avions, pour les versions *soft* :

- le mythe de la femme-enfant (la *baby doll*, douce et sucrée), toujours très prisé en Asie ;
- l'archétype de la princesse (magique ou mystique).

Et dans des versions plus *hard* :

- la diva (magnétique, égocentrique, supérieure)...
- ... pour bien sûr finir avec la catin (sexualisée, dénudée, passive-agressive).

Les seuls à croire encore fermement à ces archétypes sont quelques directeurs marketing un peu perdus dans le nouveau monde, les intégristes extrémistes de tous bords ou les adeptes de l'humour de Jean-Marie Bigard peut-être. Même les marques de lingerie, celles qui touchent au plus près l'intime féminin, ont commencé à faire leur *reset* de l'image du corps féminin et de ses représentations.

OÙ VOUS SITUEZ-VOUS ?

Le sujet est passionnant mais il n'est pas central ici. Pourquoi ? Parce que l'histoire de la beauté et des représentations féminines évolue en permanence, dans le temps et par zones géographiques. Ainsi, les idéaux de beauté ne sont heureusement pas figés et certainement pas linéaires. L'idée n'est donc pas de rentrer dans une bataille frontale avec ces archétypes desquels il faut se détacher et se libérer, mais plutôt de questionner encore une fois **notre idéal propre de représentation du corps féminin** : quel est votre choix individuel de représentation ? votre idéal personnel en quelque sorte ? votre propre fantasme ?

Si vous rêvez d'une taille 38, de seins généreux et de cheveux frisés alors que votre nature est plutôt maigrichonne, votre poitrine menue et vos cheveux lisses, force est de constater que votre condition innée n'est pas proche de votre objectif et qu'il va falloir composer avec. Comment ?

Reprenons notre exemple. Si votre nature est très éloignée de votre idéal féminin, une question majeure se pose et aboutit à deux scénarios possibles :

- Pourquoi rêver de cet idéal si loin de ma nature ? Est-ce vraiment ce que je veux, au fond de moi, profondément ?
- Ou bien est-ce une projection de ce que je pense être bon ? Une construction, voire une pression que je me mets pour plaire à cet homme, à cette femme, à cette société ?

La réponse à ces questions est fondamentale. Si c'est pour plaire à une autre personne qu'à vous-même, alors vous faites fausse route.

PLAISEZ AVANT TOUT À VOUS-MÊME

Il est difficile de plaire à autrui si l'on ne se plaît pas avant tout à soi-même. Si vos parents ne vous l'ont pas appris, alors rattrapez le temps perdu et faites bon usage de ce précepte. **De même, on ne peut pas aimer quelqu'un pleinement si l'on ne s'aime pas soi-même avant tout.**
Bien entendu, il faut donner pour recevoir. C'est ce que certains opposeront à ce précepte... Auquel je répondrai sans détour : encore faut-il être capable de donner ! Les individus malheureux, mal dans leur peau, qui se sentent illégitimes, moches, vieux ou pas à leur place ne peuvent pas donner et encore moins recevoir. Ceci n'est pas de la philosophie de comptoir, c'est la base de la connaissance de la condition humaine et des relations interpersonnelles. Vous ne me croyez pas ?

Faites l'analyse par vous-même lors de votre prochaine réunion de travail avec vos collègues ou lors d'un rendez-vous amical ou familial :

- Comparez l'énergie diffusée par une personne bien dans sa peau, solaire, à celle d'une personne malfaisante.
- La première jouira de ce que l'on appelle communément l'aura, le charisme. On aura instinctivement envie de la suivre, de lui ressembler, de travailler avec elle. Sa voix sera distincte et son propos clair. Sa posture physique est ancrée, ouverte. Elle est avenante.
- La deuxième sera fermée, sèche, en panne de générosité, avec une attitude et une posture physique totalement verrouillées.

Qui a envie de cela ? Qui a envie de lui ressembler ou de travailler avec elle ? Pas grand monde. Pourquoi ? Parce que le soleil brille et que, naturellement, on aime s'exposer à la lumière, parce que cela fait du bien au moral. Les gens bien dans leurs baskets et solaires sont motivants, captivants, plaisants, désirables.

Allez demander à une équipe sportive s'il est moteur pour elle d'avoir un coach dépressif ? À une équipe de vendeuses si c'est motivant d'avoir une responsable de magasin cyclothymique ?

La réponse est univoque et unanime. Les individus préfèrent les personnes solaires, dynamiques. Parce qu'elles sont, comme le veut la formule consacrée par les réseaux sociaux, « inspirantes ».

Revenons au premier exercice. Si la réponse à la question est oui, je veux ressembler à ça pour me plaire à moi-même et me sentir bien, alors, formidable, allez-y ! Vous avez trouvé votre image idéale, votre représentation.

S'il s'agit d'un changement physique radical façon *Extreme Makeover*, l'émission américaine de référence de la transformation physique qui implique chirurgie, régime extrême, séances

“

IL EST DIFFICILE
DE PLAIRE
À AUTRUI
SI L’ON NE SE
PLAÎT PAS
AVANT TOUT
À SOI-MÊME.

”

d'UV intensives, tatouage, piercing, sport intensif régulier, soyez vraiment sûre de vous et pour longtemps, car vous prenez là un billet aller... sans retour. Car le second enjeu, une fois la transformation achevée, c'est de tenir sa ligne et de l'assumer, ce qui est loin d'être évident. Il me semble qu'il faut se montrer très prudent avec les programmes de transformation physique, en essayant de vous appliquer au maximum des principes de réalité (temps, argent, rigueur et capacité à s'imposer une discipline personnelle).

Perdre une taille de pantalon, changer de coupe pour être un peu plus en phase avec ce que l'on souhaite, c'est déjà un grand pas. Passer d'un extrême à l'autre, c'est nettement plus compliqué et difficile à tenir sur la durée. **À chacune son chemin personnel, son objectif, son calendrier !**

EN RÉSUMÉ

NE LAISSEZ PERSONNE VOUS IMPOSER UN MODÈLE ET NE LAISSEZ PERSONNE DÉNATURER OU TRAVESTIR VOTRE AMBITION PERSONNELLE, À LA BAISSE COMME À LA HAUSSE. PRENEZ VOTRE TEMPS POUR DÉFINIR CE MODÈLE, LUI DONNER DES CRITÈRES D'ATTEINTE, DES CONTOURS CLAIRS, HIÉRARCHISÉS, TEMPORISÉS.
ET UNE FOIS VOTRE OBJECTIF DÉFINI, ASSUMEZ-LE PLEINEMENT !

CHECK-LIST

POUR FAIRE DE VOTRE CORPS UN ALLIÉ PERFORMANT

Saisissez-vous d'un petit carnet ou de Post-it sur lesquels vous pouvez écrire ces quelques principes génériques fondamentaux dont nous venons de parler pour faire de votre corps l'allié de votre puissance au quotidien.
Transformez chacun de ces principes en question personnelle, comme un exercice pratique d'application concrète. Quel est mon *lifestyle* gagnant ? À partir de quand je commence ?

À vous de jouer !

- ✓ ***Lifestyle* gagnant**
- ✓ ***Empowerment***
- ✓ **Récupération**
- ✓ **Auto-motivation**
- ✓ **Résultats**
- ✓ **Récompense**
- ✓ **Puissance**
- ✓ **Force**
- ✓ **Performance**
- ✓ **Potentiel**
- ✓ **Équilibre**
- ✓ **Organisation**
- ✓ **Respiration**
- ✓ **Estime de soi**
- ✓ **Liberté**

PARTIE II

L'esprit du succès

UN LOGICIEL À PROGRAMMER

Maintenant que nous avons posé les bases de notre ancrage grâce à notre force physique et à notre entraînement pour nous construire un corps performant, attaquons-nous à notre esprit. Les principes du premier chapitre vont se transformer ici en mantras, teintés d'une coloration spirituelle.

« **LA PAIX N'EST PAS L'ABSENCE DE GUERRE, C'EST [...] UN ÉTAT D'ESPRIT, UNE VOLONTÉ DE BIENVEILLANCE, DE CONFIANCE, DE JUSTICE.** »

– Spinoza

SE POSER LES BONNES QUESTIONS

- Qui suis-je ? Où est-ce que je souhaite aller ?
- Comment se forger un esprit de la gagne ?
- Comment se motiver ? Comment se valoriser ?
- Quelles qualités morales et psychiques faut-il pour réussir ?
- Entre détermination, volonté personnelle et lucidité, comment réussir à s'aligner avec ses ambitions et sa nature profonde ?
- Comment être en accord et en paix avec soi-même ?
- Comment atteindre le succès et gérer l'après avec confiance ?

DEVENEZ LA PERSONNE QUE VOUS RÊVERIEZ DE RENCONTRER

L'état d'esprit du succès est tout sauf une incantation. C'est une invitation à devenir à la fois votre propre idole et en même temps votre fan numéro 1. **En clair, devenez celle que vous rêveriez de rencontrer et soyez son soutien indéfectible.** Devenez le personnage principal – et non plus secondaire – du film de votre vie – encore moins le figurant ou le spectateur.

L'état d'esprit *performer* est binaire et simple à comprendre : vous devez autant vous attacher à **devenir votre propre *role model* que votre principale admiratrice**. Dans ce chapitre, vous allez donc apprendre à maîtriser votre esprit au quotidien, c'est-à-dire vos valeurs, votre philosophie de vie mais aussi l'état d'esprit à adopter en toutes circonstances.

Peut-être vous dites-vous d'emblée : « Mince ! Ça, c'est beaucoup plus difficile à entraîner ! » Je conçois qu'avoir la main sur votre régime alimentaire ou votre sommeil vous paraît plus accessible que maîtriser vos pensées. Et pourtant ! Voilà une erreur symptomatique d'un esprit insuffisamment entraîné au succès, justement.

Toute petite, j'ai été entraînée à **croire en l'infini des possibles**. Et peu importe d'où l'on vient, peu importe son milieu d'origine. Ma famille et mon environnement choisi n'ont eu de cesse de me répéter : « Quand on veut quelque chose très fort dans la vie, on y arrive. »

ADOPTEZ UN MENTAL D'ATHLÈTE DE HAUT NIVEAU

Ce qui peut sembler une incantation abstraite pour certains a été pour moi la colonne vertébrale de l'état d'esprit que je me suis créé pour toujours. Un esprit orienté « gagne », « ambition », « travail », « efforts ». Aujourd'hui, à l'ère du culte des start-up et du règne souverain de la Macronie, certains pourraient assimiler cet état d'esprit au culte de la méritocratie.
À mon sens, il n'en est rien. J'aime plutôt comparer cela à l'état d'esprit d'un athlète sportif international de haut niveau, pour qui les valeurs majeures sont celles du **dépassement de soi, du goût de la performance et de la discipline de l'entraînement**. Un programme assez rigoureux et méthodique donc. Rien de miraculeux non plus. Un menu qui, de prime abord, vous effraie peut-être ou vous impressionne.

NE DOUTEZ JAMAIS DE VOUS

Ne soyez pas inquiète ou impressionnée. Surtout, ne pensez pas qu'au sommet de la pyramide, il n'y a que des figures exemplaires, courageuses, de véritables modèles. Car ce n'est pas toujours le cas. Fréquentant à l'occasion ce que certains aiment appeler « l'élite » culturelle, économique, politique, je peux vous garantir que les agissements de certains sont loin d'être ceux auxquels on pourrait s'attendre. Soyez vraiment à l'aise avec tout cela, car l'élite n'est pas synonyme d'exemplarité.
Fervente disciple du respect de l'autorité et des symboles, je peux aujourd'hui témoigner, à la fois comme dirigeante et comme citoyenne, que **ceux qui détiennent le pouvoir et ceux qui sont « aux commandes » ne se sont probablement**

jamais posé toutes les questions que vous-mêmes êtes en train de vous poser. Et c'est cela que je garde à l'esprit tous les jours. Quand j'ai parfois eu l'occasion de voir l'envers du décor, un petit monde que je croyais parfait s'est écroulé.
Loin de me démobiliser, ça m'a plutôt confortée dans l'idée que finalement, tout était possible : « y arriver » n'était pas forcément réservé aux meilleurs, aux plus experts, aux plus méritants. Évidemment, pour diriger par exemple le FMI, il faut des compétences techniques incroyables et une intelligence fine, mais pour réussir à se frayer son chemin, il faut surtout **croire en soi** et ne jamais douter lorsqu'il faut savoir faire face. Le courage est ainsi le meilleur allié de l'entraînement, de la discipline, du travail.

OSEZ VOUS METTRE EN AVANT

Les personnes les plus travailleuses et les plus talentueuses ne sont parfois jamais récompensées et reconnues par le plus grand nombre. Pourquoi ? Parce qu'elles restent isolées, à l'écart du regard des autres. À l'inverse, beaucoup de personnes connues le sont parce qu'elles se sont elles-mêmes mises en danger et placées en avant.

L'AMBITION, PARLONS-EN OUVERTEMENT !

J'écarte d'emblée la pensée judéo-chrétienne largement diffusée dans le monde occidental qui dit que pour vivre heureux, il faut vivre caché. Ainsi, il ne faudrait jamais parler salaire, ambition personnelle, projets… L'ambition serait malsaine, vile, assuré-

ment pas noble. Assumer son ambition devient l'acte le plus vulgaire possible aux yeux de tous. Surtout si l'on parle d'une femme ambitieuse : elle est forcément hystérique ou toxique.
Je pense précisément tout le contraire. Être conscient de qui l'on est, de sa valeur, de ses atouts, c'est faire preuve de maturité et de lucidité. **Toute l'idée n'est pas de faire parler de soi, mais de faire parler de ses accomplissements, de ses réalisations, de ses résultats. Cela fait une grande différence.**

DONNEZ L'EXEMPLE

Si je vous dis, *lead by example*, ça vous parle ? Un leader respecté ne l'est pas uniquement grâce à son charisme naturel, à ses capacités oratoires, il le sera surtout s'il est dans l'action et s'il est performant. C'est pour cela que je choisis souvent de parler d'athlètes de haut niveau. Ils ont bien sûr des aptitudes innées, mais ils ont fait **fructifier un talent, un don grâce à leur travail et à leur état d'esprit**. Ils connaissent parfaitement leurs résultats de la saison sportive en cours et personne ne va aller leur dire : « Quel manque de modestie ! »
Je vous invite à vous inspirer de cet état d'esprit.
Les gens passionnés sont passionnants justement parce qu'ils sont passionnés.
Si vous arrivez à un entretien d'embauche et que vous-même ne pensez pas que vous êtes la personne de la situation, comment voulez-vous que le recruteur le pense à votre place ? L'idée n'est pas d'être gonflé comme un ballon de baudruche, c'est plutôt d'être en pleine conscience de qui vous êtes à 360°.
Inversez le dicton « On ne parle jamais des trains qui arrivent à l'heure », et appliquez-le à vous-même. L'anti-Glassdoor (un

site qui permet de rendre anonyme un retour d'expérience professionnelle) en quelque sorte. Parlez de ce que vous faites bien. De ce que vous maîtrisez à la perfection.

JE PASSE À L'ACTION

Faites vous-même votre propre bilan de compétences personnelles.

→ J'évalue et je valorise mes actions du quotidien

Quelles sont les choses que vous faites parfaitement et qu'assurément plus de trois personnes disent de vous ?

→ Je liste mes qualités personnelles

Quelles sont les trois qualités morales que vous possédez et qui sont reconnues par le plus grand nombre (à l'exclusion de vos amis et de votre famille) ?

SOYEZ LÀ OÙ VOUS AVEZ TOUJOURS VOULU ALLER

Nous parlerons dans le chapitre 3, consacré à la vie professionnelle, de notre capacité à prendre un nouveau job dont on ne connaît pas parfaitement les contours – contrairement à ceux qui foncent, prennent, et verront bien après comment satisfaire les besoins de la fiche de poste. Pour certaines personnes, cette attitude relève d'un acte téméraire, pour d'autres, c'est la marque de l'imposteur.

Pour moi, c'est surtout la marque d'une personne qui est allée précisément là où elle voulait. Et en cela, je ne peux qu'être impressionnée par des femmes pugnaces et déterminées telles Anne Hidalgo ou Rachida Dati. Allez leur expliquer comment il faut faire et ce qu'elles doivent dire ! En réalité, elles sont leurs propres modèles, leurs propres guides et leurs propres exécutantes.

C'est cette énergie-là, cet état d'esprit, qui caractérise les femmes libres. **Libres de choisir, de guider leurs choix sans subir d'autres injonctions que celles qu'elles se sont données. Au bout, le graal de l'accomplissement de soi au prisme de son alignement personnel. Le luxe ultime en matière de confort mental.** Une fois ce *momentum* atteint, on ne peut plus jamais s'en passer. C'est une telle jouissance, un tel bonheur que l'on devient vite accro à cette adrénaline-là. C'est cette même adrénaline qui agit sur le cerveau des sportifs champions de leur discipline lors de grandes victoires. À force d'entraînements, de chutes, de blessures, de travail, de passion, de motivation, de non-renoncement, ils ont réussi. Ils ont atteint le but qu'ils s'étaient fixé. Et ça, c'est le meilleur *ego-boost* au monde.

“

JE SUIS LÀ OÙ
JE VOULAIS
ÊTRE.
PRÉCISÉMENT
LÀ OÙ J'AVAIS
RÊVÉ
QUE JE SERAIS À
TEL MOMENT.

”

LANCEZ-VOUS DES CHALLENGES

Se prouver à soi-même que l'on est capable, que l'on peut y arriver par soi-même pour soi-même, c'est bien sûr une question d'état d'esprit, **mais c'est aussi une question de travail, d'efforts, de rigueur et de discipline**.
Avant de diriger une entreprise, d'avoir deux enfants, de fonder une association et d'écrire ce guide, j'ai gravi de petites montagnes, parfois minuscules, parfois plus ambitieuses. Lorsque j'ai été nommée DGA (directrice générale adjointe) de NellyRodi en septembre 2016, j'ai reçu beaucoup de mots de félicitations, de soutien, d'approbation ; j'ai eu des tribunes, des portraits dans des journaux de référence pour l'industrie dans laquelle j'évolue. Bien sûr, c'était très plaisant et même jouissif sur le moment, mais en réalité, les mots qui m'ont touchée profondément et sincèrement venaient d'une seule communauté de personnes, qui me disaient : « C'est tellement mérité. » Des personnes avec qui j'avais travaillé et que j'admirais profondément. Des clients, des entrepreneurs, des dirigeants, des personnes « au-dessus de moi ». Ces mots écrits par des gens admirés étaient les seuls qui pour moi avaient du poids. Être appréciée par des gens que l'on admire est tellement plus puissant que d'être critiquée par des personnes que l'on trouve quelconques.
La reconnaissance obtenue par le résultat et le travail est et sera toujours la plus belle récompense et le plus grand moteur.

Être appréciée et reconnue par les gens que j'admire pour mon travail et pour mon engagement est pour moi bien plus important que d'être « validée » pour qui je suis par le plus grand nombre. Si ces gens que j'admire pensaient une seule seconde que mon

travail n'est pas bon, alors je remettrais en question toute ma réflexion et mon analyse.
Ma capacité de travail et mon goût de l'effort ont toujours été orientés par la motivation de satisfaire et de plaire à des personnes que je pense plus intelligentes et plus fortes que moi. C'est d'ailleurs la raison pour laquelle je ne pourrais jamais travailler pour une personne que je ne respecte pas intellectuellement, ni me lier intimement à un homme que je ne trouve pas extraordinaire, au sens propre comme au sens figuré.

Sur votre chemin, vous gravirez des montagnes plus ou moins grandes, avec un calendrier et des étapes qui visent l'excellence et non juste la moyenne. L'exemplarité ou rien. **Toute l'idée est là : s'écrire des séquences de vie où l'on se modélise des petits défis lancés à soi-même, pour gagner des points de confiance et avancer, et se frotter à plus fort que soi.**

L'objectif est toujours le même : **booster l'ego**. Plus on relève de défis avec succès, plus on croit en soi et plus on aura envie de défis encore plus grands. C'est le cercle vertueux du challenge personnel. Je me suis toujours dit que si un jour, en réunion, je pensais que j'étais la personne la plus intelligente de la salle, c'est que je n'étais pas dans la bonne salle et qu'il fallait partir vite.

Lancez-vous régulièrement des défis personnels, avec courage. Oubliez les défis physiques (cf. chapitre 1), préférez les défis qui mettent à mal votre volonté, votre rigueur, votre discipline, votre capacité de travail ou de concentration. L'adrénaline sécrétée par ces moments de valorisation de soi est un carburant puissant qui nourrira pour toujours votre moteur interne, celui que vous devez entraîner à être performant et s'auto-célébrer.

JE PASSE À L'ACTION

→ Je me fixe un objectif précis

Qu'il soit professionnel ou personnel en plus de vos obligations. Pas quelque chose de contraignant. Au contraire, choisissez quelque chose que vous rêvez de faire depuis longtemps : vous inscrire à un concours, ranger enfin la cave, faire l'acquisition d'un aquarium qui nécessite beaucoup d'entretien, prendre des cours de dessin…

→ Je définis un calendrier :

« D'ici XX semaines, je veux avoir atteint cet objectif. » Pensez-y très fort tous les jours.

→ Je sanctuarise ma victoire

Une fois l'objectif atteint, prenez en photo votre accomplissement, partagez l'information autour de vous avec ceux qui vous aiment. Fêtez cet accomplissement. Vous observerez un double bénéfice, socle de votre nouvel état d'esprit :

- Vous vous êtes pliée à un objectif fixé et vous avez réussi à l'atteindre.
- Vous avez montré votre réussite, vous l'avez partagée avec votre environnement de confiance.

Bravo !

“

CE QUI IMPORTE,
C’EST DE SE FORGER
UN ÉTAT D’ESPRIT
POSITIF,
CONSTRUCTIF
ET GAGNANT.

”

CONCENTREZ-VOUS SUR VOUS-MÊME

La clé d'un esprit performant et concentré sur sa quête de succès, de bonheur quotidien, c'est un état d'esprit entraîné et déterminé à « y arriver ». Il existe des étapes fondamentales et des outils pratiques, capables de conditionner et de définir votre mentalité, votre état d'esprit.

FORGEZ-VOUS UN ÉTAT D'ESPRIT GAGNANT

Pourquoi parle-t-on aujourd'hui régulièrement « des mots qui blessent », prononcés pendant l'enfance et qui entachent la confiance en soi future du monde adulte ? Tout simplement parce que plus l'on répète à une personne qu'elle est mauvaise ou incapable, plus elle va se déprécier et se conditionner à l'échec quasi permanent.
À l'inverse, la profusion et la répétition de paroles qui boostent l'ego vont avoir un effet dynamisant et réconfortant qui mobilisera les plus timides et les moins confiants. Les grandes figures contemporaines sportives et culturelles, de Beyoncé à Kylian Mbappé, ont ainsi été biberonnées à la confiance en soi, à la croyance et à la foi personnelles, à leurs capacités innées et acquises, au dépassement de soi, additionnés à la capacité de travail, à la discipline et à la rigueur d'entraînement.

Nul besoin de viser la lune ou encore la découverte d'un vaccin. Ce qui importe ici, dans notre programme d'entraînement personnel, c'est de se forger un état d'esprit positif, constructif et gagnant. Une mentalité qui va de l'avant, qui veut apprendre et se dépasser.

LE PRÉREQUIS INDISPENSABLE : ÊTRE ALIGNÉ AVEC SOI

Avant de déterminer ensemble les grandes valeurs de cet état d'esprit gagnant, il nous faut impérativement passer par une étape 0, prérequise au bonheur et au succès : l'alignement personnel.
C'est une étape fondamentale, préalable à un travail sur soi. C'est même l'enseignement majeur de ce guide : **il ne sert absolument à rien de courir après les défis, les challenges, les envies de carrière, les conquêtes personnelles si l'on ne sait pas profondément qui l'on est et ce à quoi l'on peut prétendre**. À cela, j'ajouterai ce à quoi l'on est capable de se plier : les concessions, le rythme quotidien que l'on peut encaisser ou pas.
Admirer les performances, les « résultats » d'un athlète ou d'une célébrité, c'est bien. Mais ce que l'on voit n'est qu'une partie minime du chemin qu'il ou elle a dû emprunter, des efforts qu'il ou elle a dû fournir, des « plongées intérieures » qu'il ou elle a dû s'appliquer.

On ne devient pas dirigeant, mère épanouie, grand patron – ou ce qui vous fait rêver – par la simple volonté. Il y a des qualités morales et physiques qui sont indissociables et indispensables à la réussite. Le talent et le charisme sont toujours des plus, mais **sans travail, sans hygiène de vie, sans rigueur, sans discipline, ils sont, hélas, très éphémères et offrent un succès d'une courte durée**.

C'est pourquoi je veux dès à présent éclairer certaines qui se rêvent en grande patronne, à la tête d'entreprises, cumulant mandats, responsabilités, voyages, tout en voulant en même temps être la maman, l'épouse, l'amie ou la fille parfaite à tout prix. C'est une vie épuisante, et bien souvent, une sélection naturelle s'opère.

En aucun cas, je ne veux vous décourager, **mon seul dessein est de vous déculpabiliser et surtout de vous libérer. Devenez qui vous voulez, faites ce que vous voulez.** N'essayez pas de devenir une image. Ne cédez pas à la tentation de la *check-list* parfaite qui, une fois toutes les cases cochées, vous apporterait plus de *likes*. Les *likes,* c'est vous qui les mettez, quand vous le souhaitez.

Il n'y a pas une voie. Il n'y a pas de petits rêves et de grandes ambitions. Il y a ce que vous voulez pour vous-même. C'est la seule chose sur laquelle tous vos efforts du quotidien doivent se concentrer.

> **« IL N'Y A PAS UNE VOIE. IL N'Y A PAS DE PETITS RÊVES ET DE GRANDES AMBITIONS. »**

EN RÉSUMÉ

LA SEULE QUESTION À VOUS POSER EN ÉTAPE 0, C'EST DE QUOI VOUS VOULEZ REMPLIR VOTRE SEMAINE DU LUNDI MATIN AU DIMANCHE SOIR. C'EST LA SEULE QUI VOUS PERMETTRA DE COMPRENDRE VOTRE « TERRITOIRE DE JEU » : QUI VOUS ÊTES, OÙ VOUS VOULEZ ALLER, VOTRE CHEMIN DE VIE ET COMMENT Y ARRIVER.

RÊVER, C'EST FORMIDABLE. S'ACCOMPLIR, C'EST MIEUX

L'alignement personnel est l'une des raisons majeures pour lesquelles j'ai décidé d'écrire ce guide. Probablement parce que j'ai compris assez tôt ce que je voulais dans la vie.

À 26 ans, j'ai écrit une lettre à Nelly Rodi. La femme, pas l'agence, la figure fondatrice de l'entreprise que je dirige aujourd'hui aux côtés de son fils. Je n'ai pas envoyé un e-mail. J'ai écrit une lettre manuscrite qui, dans les grandes lignes, expliquait mon ambition d'intégrer cette société que j'admirais tant pour sa posture visionnaire et innovante. Pourtant, rien ne me prédestinait à une carrière dans le conseil. Je pense que même encore aujourd'hui, ma famille et mes proches ne comprennent pas ce que je fais ! C'est dire si rien n'était joué et acquis d'avance...

Quand je me compare à d'autres jeunes femmes dirigeantes, je constate que dans la grande majorité, elles ont toutes été moulées dans le même modèle, avec des parents qui, eux, pour sûr, savent de près ou de loin ce qu'est NellyRodi, lisent *Le Figaro*, ont « introduit » leurs enfants dans le sérail après leur avoir transmis les codes des « bonnes familles ». Bien souvent, elles ne m'ont pas attendue pour se connaître déjà entre elles, car elles ont fréquenté les mêmes écoles élémentaires, partagé les mêmes relations depuis leur petite enfance. Tout ce monde, ce code, m'était parfaitement inconnu alors.

Dans cette histoire, je reste pourtant persuadée d'être la seule réelle gagnante. Pourquoi ? Parce que j'ai pleinement choisi mon métier, mon conjoint, et que j'ai choisi d'avoir des enfants à un moment donné. Encore une fois, rien n'était écrit d'avance. J'incarne un véritable affront au déterminisme social. Dès lors, qui pourrait vous empêcher d'en faire autant ?

CHOISISSEZ EN TOUTE LIBERTÉ

Certaines de mes consœurs se réjouissent bien sûr de leur sort et sont dans des situations très confortables. Mais d'autres l'ont totalement subi. Un phénomène que je n'arrive absolument pas à comprendre. Comment peut-on se laisser dicter un chemin, des codes ? Car celles qui subissent sans jamais rien choisir, de façon consciente ou inconsciente d'ailleurs, sont assurément les plus malheureuses d'entre nous.

Le point de convergence de celles qui sont heureuses est assez limpide : ce point, c'est la liberté. J'ai eu cet espace vital, cette option-là : choisir mon chemin, choisir mon cap, choisir l'environnement dans lequel je voulais évoluer. Pourquoi ai-je tant œuvré à définir ma propre destinée ? Parce que je savais de quoi j'étais capable et que je savais aussi ce que je voulais pour moi.

Comme toutes les adolescentes, je me suis cherchée, interrogée, je suis passée par différentes phases, différentes identités, différents idéaux. Puis j'ai compris, à force de lectures, d'échanges, de guides, de consultations chez le psy et de séances d'ouverture spirituelle que la seule manière de m'épanouir pleinement était d'**assumer totalement qui j'étais** : une fille ambitieuse qui voulait fréquenter des personnes inspirantes, fonder sa propre famille, voyager énormément et diriger des projets. Une fois cette découverte faite, il ne me restait plus qu'à embrasser ce « moi » pour arriver à écrire mon chemin.

QUI ÊTES-VOUS INTRINSÈQUEMENT ?

Nous avons esquissé la définition de l'alignement personnel dans le premier chapitre, au moment où nous évoquions la question

de la représentation personnelle physique idéale.
De même que choisir son idéal physique constitue un choix déterminant puis un chemin à prendre, **l'alignement personnel est la pierre angulaire, le point de départ intellectuel de toute cette méthode**.

- Qui suis-je ?
- Quelle est ma place dans la société ?
- Quelle est ma nature profonde ?
- Quelle est mon identité propre ?
- Quelle est ma fonction ?

L'alignement personnel n'a rien à voir avec la fonction professionnelle. Le job fait partie des critères constitutifs de cet alignement – ou pas –, mais n'en est jamais la seule cause. En revanche, **le travail est parfois la fameuse goutte d'eau qui fait déborder le vase, quand justement vous n'avez pas eu la liberté de choisir votre chemin parce que vous ne saviez pas en fait qui vous êtes au plus profond de vous-même**.

Combien de personnes proches de la quarantaine décident à un moment donné de couper net avec leur cadre de vie ? Divorces, changement radical d'orientation professionnelle, changement d'orientation sexuelle, coupure avec des personnes toxiques, burn out... Nombreux sont les cas de crises identitaires à l'âge adulte, entre 30 et 50 ans, et les manifestations, les conséquences plus ou moins violentes qui en découlent.
La fameuse *midlife crisis* (littéralement, la crise de milieu de vie) frappe de plein fouet ceux qui ont fait l'économie de cette **quête personnelle identitaire** préalable à la première séquence de

leur vie : la fameuse première montagne, celle de la construction d'un premier job, d'une famille... Vient ensuite la deuxième montagne, généralement après les 40 ans, quand on s'est débarrassé des obligations « statutaires » : on a construit une vie stable autour d'une famille, d'un job en CDI...
En majorité, soit la crise identitaire se fait autour de l'adolescence ou au début du passage à l'âge adulte, soit elle se fait plus tardivement, quand on a filé droit sans trop se poser de questions sur son moi intérieur.

COUPEZ LE PILOTE AUTOMATIQUE

N'étant ni psychiatre ni thérapeute, je ne m'autoriserai pas ici d'analyses médicales. En revanche, ce que nous pouvons analyser et facilement démontrer, c'est la propension de toutes ces personnes en crise à vivre ou à avoir vécu en **« mode automatique »**, sans jamais questionner, oser *challenger* des règles de vie, un système éducatif ou encore des cases à cocher apprises ou héritées.
Bien sûr qu'il est tentant de suivre une grille, une trame de vie toute belle et bien formée, généralement reçue en héritage dans son paquet du patrimoine familial légué. Mais si l'établissement et le respect de cette grille sont déterminants pour les enfants qui sont, eux, dans un besoin primaire de repères et de cadre (relire Dolto à ce sujet, l'opposé de l'enfant roi en résumé), il est essentiel pour l'adulte de s'en détacher et de s'en libérer, du moins de la questionner pour découvrir ses aspirations en tant qu'adulte. L'adulte, ceci posé que son cerveau a atteint son niveau de maturité, d'âge de raison, est capable de dépasser, de transcender ses acquis pour parfois mieux s'en émanciper – ou au contraire s'y conformer.

La question n'est pas de savoir ce que l'on veut ou ce que l'on peut faire – les professeurs, les conseillers d'orientation, les coachs pourront s'en charger pour vous. Elle est avant tout de savoir qui l'on est, intrinsèquement. **Bien se connaître est indispensable pour pouvoir se projeter et déterminer son chemin de vie.**

CONNAÎTRE LE POINT A AVANT DE DÉFINIR LE POINT B

La question souvent posée benoîtement aux enfants à l'école, « Que feras-tu plus tard ? », et à laquelle ils répondent « pompier », « vétérinaire » ou « danseuse » est totalement incomplète… et presque irresponsable. Bien sûr que le choix de carrière professionnelle est déterminant dans notre quête identitaire et dans notre chemin vers le bonheur quotidien, mais comment être capable de le définir si l'on ne sait même pas encore, par exemple, si l'on préfère voyager ou rester assis dans un bureau ? Si l'on aime être entouré ou si l'on préfère jouer de son côté ? Si l'on aime la vitesse, l'action ou si l'on préfère la poésie, la contemplation oisive ?
Ici, revient notre concept du « logiciel » *software* de chaque individu par opposition au *hardware*, « l'ordinateur ». Les directions RH mettent aujourd'hui plus que jamais la question de l'intelligence émotionnelle au cœur des recrutements face à l'intelligence logique, froide et mathématique.

L'alignement personnel, c'est tout simplement la définition de notre carte d'identité intime, personnelle et profonde (le point A), mais surtout notre capacité à agir et à choisir au quotidien en fonction et en connaissance de celui-ci (CHEMIN) pour atteindre nos objectifs de vie (point B). Ainsi, pour définir ses actions du quotidien, avec un calendrier réaliste (CHEMIN), il faut déjà parfaitement apprendre à se connaître (point A) et définir ensuite son objectif de vie (point B). Impossible de définir son point B sans maîtriser son point A. Et pour apprendre à découvrir son point A, tout est bon : voyages, sports, thérapies, expériences, sachant que l'inné conditionne en partie ce fameux point A. Certains décideront coûte que coûte de s'émanciper de leur condition sociale innée, d'autres s'y référeront en permanence, « reproduiront » socialement les schémas hérités. Peu importe, ce n'est pas le sujet ici. Ce qu'il faut retenir, c'est que **l'on se construit fondamentalement contre ou avec sa part d'inné. Le reste est à acquérir, à construire, à expérimenter pour enfin définir son point de départ.**

La bonne nouvelle, c'est que lorsque l'on a trouvé ce fameux point A, c'est le début du chemin vers le bonheur, vers l'alignement personnel. Car ne restent ensuite que deux étapes à modéliser :

- Déterminer le point B (où je veux aller).
- Trouver comment s'y prendre pour y aller (CHEMIN).

Ce deuxième point sera précisé dans les deux chapitres suivants. En d'autres termes, les chapitres 1 et 2 vont vous aider à définir vos points A et B. Les chapitres 3 et 4 vont vous aider à écrire votre CHEMIN dans les sphères personnelle et professionnelle. Et la mauvaise nouvelle ? C'est que cela peut prendre des années avant de trouver son point A, c'est-à-dire qui l'on est, quelle est sa nature profonde. Cela peut coûter en accidents de vie, en rencontres malheureuses et en relations infructueuses. Mais si vous êtes là, en train de lire ce guide, c'est que vous tenez bon sur vos jambes avec l'envie d'avancer !

“

POUR S’ACCOMPLIR, IL FAUT SE CONNAÎTRE ET S’APPRÉCIER (POINT A) POUR BIEN **S’ÉVALUER ET AINSI SE PROJETER (POINT B).** PUIS, IL FAUT SE *CHALLENGER* **EN CRÉANT DES ÉTAPES ET UN CALENDRIER** (CHEMIN).

”

MA MÉTHODE D'ALIGNEMENT PERSONNEL

En résumé de ces apports théoriques, voici ma méthode de l'alignement personnel :

POINT A >> CHEMIN >> POINT B = ALIGNEMENT PERSONNEL

- POINT A (ID pour Identité-départ)

Définir sa nature profonde : *Qui suis-je ?*

- POINT B (ou *LIFE GOAL*/arrivée)

Définir sa vision, dessiner son ambition : *Où est-ce que je veux aller ? Quel genre d'individu je souhaite être et quel lifestyle je souhaite avoir ?*

- CHEMIN (outils, séquences, actions quotidiennes)

Relier ses actions quotidiennes à son identité propre et profonde. Dessiner un chemin et un calendrier avec des séquences, des étapes. Définir le *master plan* de sa vie : *Comment ? Combien de temps je me donne ?*

Au risque de paraître vulgaire et un peu court, nous ne faisons ici qu'appliquer les mêmes principes par analogie et référence au marketing qui a fait ses preuves, soit la définition du :

- Why
- How
- What

Pour l'alignement personnel, c'est finalement à peu près le même principe conceptuel, mais appliqué à l'individu.

>> LE POINT DE DÉPART A (ID)

Le point A est le point le plus sensible à définir. Intime, il demande un travail lucide et en profondeur. Il est souvent **le plus long et le plus difficile à trouver**. Parfois, c'est le temps d'une vie entière. Pour les plus chanceuses ou plutôt les plus déterminées à être heureuses, il sera trouvé rapidement.
Personnellement, comme je l'ai raconté plus tôt, j'ai su qui j'étais assez tôt dans ma vie. Je me suis assez vite construite à la fois en accord et contre mon génome :

- D'une part, j'étais assez fière de mes valeurs familiales héritées, comme le courage, le goût du travail, la confiance en soi transmise dès le plus jeune âge.
- De l'autre, je me sentais à l'étroit dans l'environnement provincial dans lequel j'évoluais, une véritable barrière limitante.

Mon sentiment le plus intime, selon mes lubies adolescentes et mes hobbies du moment, était qu'il se passait quelque chose de plus grandiose, de plus intéressant, de plus excitant ailleurs que là où j'évoluais… ce que j'avais du mal à admettre.

Un maillot de basket Adidas

Lorsque je suis arrivée à Paris en 2002, bac en poche et quelques semestres validés à l'université de Dijon, ma passion absolue était la danse urbaine. J'avais droit à l'époque à une bourse sociale, des APL, mais c'était honnêtement très largement insuffisant pour avoir un niveau de vie agréable dans lequel donner le meilleur de soi et se concentrer sur ses études. J'ai donc fait à peu près tous les jobs d'appoint, comme grand nombre d'étudiants provinciaux arrivés à Paris, et j'ai aussi emprunté à la banque un petit crédit pour démarrer dans la vie. Je me souviendrai toujours du premier achat « parisien » que je me suis fait : un maillot de basket Adidas Originals, que seule la Samaritaine diffusait, à peine quelques jours après la diffusion du clip de Missy Elliott où ses danseurs le portaient.

Quelle victoire pour moi ! Quel sentiment indescriptible de bonheur, d'autosatisfaction ! Non seulement « j'en étais » – ce maillot était comme une carte de visite du « bon » monde, celui où tout se passe –, mais surtout, j'avais pu m'offrir moi-même cet uniforme vendu dans ce temple du luxe et de la consommation. Quelle fierté ! J'avais fait coup double. Toute seule. Dans cette ville-monde à mes yeux. Pour moi, avoir acheté ce maillot, le porter, c'était le début d'une nouvelle histoire. **Le pass ultime pour le nouveau monde.**

Aujourd'hui, il y a fort à parier que Paris ne représente plus cette ville inaccessible et magique pour les jeunes provinciaux en quête d'autre chose. La disruption technologique est passée par là et les nouveaux gourous des réseaux sociaux diffusent une culture moins verticale. Mais à l'époque où j'étais étudiante, quand je disais à mes camarades de fac bourguignons que j'allais passer le Nouvel An à Paris et que je partais seule en TER (question de prix !) pour rejoindre la capitale le temps d'une nuit, c'était pour moi la promesse d'une fête infinie. Ainsi, très tôt, j'ai tout mis en œuvre pour découvrir qui j'étais profondément. Danse,

lecture, thérapie, analyse, tout était bon pour comprendre ce qui m'influençait, ce qui me plaisait, ce qui me motivait, et ce qui au contraire m'annihilait.
Si je partage avec vous cet épisode qui peut sembler à certains totalement caricatural, c'est parce qu'il reflète en tout point et avec sincérité ma quête personnelle de l'époque. Je suis persuadée que c'est précisément en allant chercher sa singularité, ses axes de différenciation que l'on peut parvenir à trouver son point A. Je remercie mes parents de m'avoir laissée explorer librement tous ces chemins.

Quel sera votre *coming out* ?

Récemment, j'ai écouté le podcast enregistré par Morgane Sézalory, fondatrice de Sézane, une marque qui connaît un immense succès commercial dans le marché pourtant saturé du prêt-à-porter féminin. Partie de l'idée d'un vide-greniers numérisé et esthétisé à partir de vêtements de seconde main réinventés, Morgane a défié tous les mammouths de l'industrie classique et leur a imposé un nouveau *tempo* et d'autres réflexes consommateurs, un rapport jusque-là inédit entre une marque et sa communauté de clientes. Très copiée, souvent critiquée mais jamais égalée, l'enseigne tient une place unique dans le secteur.
Morgane raconte tout cela et évoque la liberté incroyable dont elle a joui en fin de scolarité. Le parcours académique classique ne lui convenait plus. Elle a donc décidé, en accord avec ses parents, de passer le bac en candidate libre et de voyager, d'explorer son identité. On peut s'accorder pour dire que ça lui a souri.

Voilà peut-être une recette qui marche : les voyages intérieurs et vers l'ailleurs, la liberté, l'introspection, l'analyse, la possibilité d'investiguer des champs, de découvrir d'autres cultures sans jugement, sans idées préconçues.

LIBERTÉ & LUCIDITÉ

Le binôme idéal de valeurs communes des points A et B est la liberté et la lucidité :

- **La liberté de choisir, d'être qui l'on veut.**
- **La lucidité sur ses aptitudes, sur ses limites.**

Nous reviendrons largement sur la lucidité, une valeur maîtresse dans la définition de son point B/*Life Goal*.

JE PASSE À L'ACTION

Voici un petit exercice pratique et ludique, inspiré par la liberté qu'ont les enfants dans l'espace public. À leur âge, ils sont désinhibés et non travestis par les injonctions statutaires de représentation.

→ J'assume mon identité

À la prochaine invitation que vous recevrez pour vous rendre à une fête, pensez très fort à ce guide et choisissez votre tenue en fonction de cette dimension « liberté identitaire ». Assumez pleinement qui vous êtes. Si vous n'aviez aucune peur du jugement, du regard des autres, comment est-ce que vous iriez ? Déguisée ? Avec des cheveux rouges ? Travestie ? En jogging ?

→ Je saute dans le grand bain

Posez-vous clairement la question : y a-t-il un fossé entre ce que je vais porter et ce que j'aimerais porter ? Essayez de vous écouter sincèrement et agissez en fonction. Essayez d'être totalement alignée avec votre envie du moment. Vous verrez l'effet de puissance que cela va vous octroyer. À moins que vos amis n'en soient pas réellement, ils n'ont aucune raison de vous en vouloir si vous avez décidé que cette fête est LE moment de votre *big coming out* identitaire.

→ Je fais le bilan

Allez jusqu'au bout de l'exercice et notez en rentrant la qualité du moment passé. Est-ce que vous vous êtes sentie à l'aise ? Peut-être aviez-vous envie de porter cette tenue mais vous ne l'avez pas assumée. Pourquoi ? Êtes-vous prête à vous assumer pleinement ? Si oui, vous ne devriez pas avoir vécu d'inconfort.

Est-ce que Cardi B semblait mal à l'aise dans sa tenue improbable au dernier MET ? Pas vraiment, elle semble plutôt bien l'assumer, et même s'en amuser.

L'alignement, c'est précisément quand on a trouvé qui l'on est. On ne cherche plus à se transformer, on se présente telle que l'on est, consciente et parfaitement à son aise. Tellement bien mentalement qu'on peut s'en amuser. Quelle joie ! Quel bonheur ! Car il n'y a pas de plus grand confort mental que de se vivre pleinement et librement. C'est un peu comme lorsque les enfants gardent en secret une bêtise et qu'ils se mettent à pleurer quand ils décident de l'avouer. Ils se sentent à la fois soulagés et en même temps coupables. Sauf que les adultes, eux, n'auraient pas fait de bêtises, ils n'arrivent juste pas à se montrer au plus grand nombre tels qu'ils sont vraiment. Ils n'ont pas fait leur *coming out*.

Je vous en conjure, tant qu'il est encore temps, faites-le. **Votre souffrance de ne pas vous assumer telle que vous êtes intrinsèquement sera proportionnelle à votre capacité de passer à côté de votre vie.** Et mentir à vos proches sur qui vous êtes ne fera qu'alourdir la note globale de souffrance réelle et profonde.

Alors libérez-vous. Assumez-vous pleinement. Et jouissez de cette sensation d'alignement sincère et profond !

« IL N'Y A PAS DE PLUS GRAND CONFORT MENTAL QUE DE SE VIVRE PLEINEMENT ET LIBREMENT. »

>> LE POINT D'ARRIVÉE B (*LIFE GOAL*)

Savoir qui l'on est au fond, c'est formidable, c'est une révélation. Bravo à vous qui avez réussi ! Pour le savoir, il en aura fallu des séances de yoga, d'introspection, des changements de job, de partenaire, des coupures avec un passé nocif, mais ça y est, vous y êtes.
La première étape est franchie. Avec conscience et rigueur, vous avez découvert qui vous étiez. Maintenant, il va s'agir de décider quoi en faire. Et c'est ici qu'arrive la notion de lucidité. Nous allons maintenant parler de courage, de confiance en soi, de *stimuli*, de motivation, de détermination pour celles qui veulent et se sentent capables de décrocher la lune. Mais aussi de plafond, de limites, de barrières.

Il n'y a pas de sous-métier dès lors qu'il est choisi

Je suis très mal à l'aise avec la tendance de l'époque actuelle qui brandit à tout va la pancarte des barrières auto-limitantes et du plafond de verre.
Bien sûr qu'il y a un plafond de verre, majoritairement pour les femmes, mais aussi pour les hommes. Être une jeune femme « issue de la diversité », selon l'expression consacrée, ne vous donne statistiquement pas les mêmes chances de réussir que votre homologue de promo mâle blanc, urbain, privilégié. C'est une évidence. Néanmoins, je trouve plus dangereux de faire croire à tous que nous sommes égaux face aux défis, aux études, au succès. Il y a des personnes plus intelligentes, plus douées, plus courageuses, plus travailleuses que d'autres, c'est ainsi, et ça n'a rien à voir avec votre catégorie socioprofessionnelle, votre origine sociale, votre couleur de peau ou votre genre.

Il est selon moi beaucoup plus courageux et honnête de **construire des projets réalistes individualisés** plutôt que de mettre des moyens sur des programmes de quota de discrimination positive. Tout le monde ne peut pas être énarque et d'ailleurs ne le souhaite pas, tout comme tout le monde ne peut être Mbappé.

C'est exactement la même chose pour l'alignement personnel. Et je ne vois pas en quoi cela peut être excluant ou oppressant. Selon mon échelle de valeur, il n'y a pas plus de gloire à être l'un ou l'autre, dès lors que chacun a eu la chance de choisir son chemin. Ce que je tente de démontrer par cet exemple, c'est que notre point de départ, la posture de départ qui consiste à penser que seuls les hauts fonctionnaires sont des êtres à l'esprit noble et respectable, est parfaitement erronée. Selon qui ? Selon quelle pyramide de valeurs ? Il est grand temps de s'émanciper de ces schémas caducs et d'embrasser le nouveau monde. Celui où plusieurs modèles coexistent sans discréditer l'un ou l'autre.
Le monde a besoin de génies dans tous les domaines, dans toutes les expertises. Chaque vocation, chaque métier, chaque chemin personnel est valide et inspirant dès lors qu'il est choisi.

Il n'y a pas plus de noblesse à diriger qu'à exécuter. Il faut déplacer le barycentre de la valeur Travail. Je connais beaucoup de femmes à des jobs *top executives* extrêmement malheureuses, et autant de femmes aux métiers moins clinquants qui sont à l'inverse très heureuses et épanouies. **Le point commun entre celles qui sont heureuses, c'est encore une fois le même : le choix. La liberté. Elles se sont offert la possibilité de choisir pour elles-mêmes ce qui leur convenait le plus.**

Tant que l'on pensera par un seul prisme civilisationnel et culturel, alors il y aura des castes, de l'entre-soi, des systèmes excluants. Croire que le monde intellectuel est le seul qui mérite le respect et soit un marqueur de succès, de noblesse, c'est, pardonnez-moi l'expression, se fourrer le doigt dans l'œil. Et il se passe aujourd'hui exactement le même phénomène dans le monde professionnel des cadres. Les grands groupes cosmétiques ou du luxe français peinent à trouver les prochains futurs grands dirigeants. Pourquoi ?
Parce que là aussi, l'ancien monde a failli dans le renouvellement de ses schémas de pensée et a reproduit un système de castes méritocratiques qui ne fait plus rêver grand monde. Les cerveaux fuient ailleurs, à l'étranger, ou vers l'entrepreneuriat. Autrement dit, vers des schémas de pensée plus libres, moins normés qui inspirent et qui résonnent en termes de valeurs personnelles. C'est pourquoi je trouve erroné de parler de barrières limitantes : c'est encore donner du grain à moudre à l'ancien monde. **Si c'est pour « réussir » en copiant les codes masculins du pouvoir d'avant-hier, merci. Mais non merci.**

> **“ CHAQUE VOCATION, CHAQUE MÉTIER, CHAQUE CHEMIN PERSONNEL EST VALIDE ET INSPIRANT DÈS LORS QU'IL EST CHOISI. ”**

Ayez la lucidité d'admettre vos limites

Plus on est conscient de ses aptitudes, mais aussi à l'inverse de ses limites, plus on performe et on grandit, plus on s'épanouit.

Faire croire à un employé compétent mais franchement pas un avion de chasse qu'il pourra obtenir tel ou tel job à force de travail, c'est la meilleure manière de le rendre malheureux. Mieux vaut être excellent sur un job moyennement ambitieux plutôt que s'arracher les cheveux sur un job au titre bling-bling. Le premier collaborateur sera heureux et épanoui, serein. Le deuxième sera totalement dépassé et recevra une mauvaise image de lui, se dépréciera pour faner au long cours.
En tant que manager, il m'est déjà arrivé de prendre la décision de réduire le périmètre de tâches de certains de mes collaborateurs, faute de compétences. Peu nombreux sont ceux qui y ont vu un déclassement. La majeure partie ressent plutôt un soulagement. CQFD.
Les humains aiment être valorisés et réussir. Personne n'aime s'entendre dire au quotidien qu'il n'est pas à la hauteur. C'est pourquoi je préconise de ne pas viser trop haut si l'on s'en sent incapable. Mieux vaut réussir pas à pas, à son rythme, plutôt que de se prendre des énormes claques. Dans le premier cas, on remplit son sac à dos de petits moments d'*ego-boost*, on grandit, on se fortifie, on prend des réserves de confiance pour sauter des obstacles plus grands. Dans le second cas, on se déprécie et l'on peut même régresser, car on doutera de soi tellement fort que l'on finira par faire n'importe quoi.

LA RECETTE DU SUCCÈS QUOTIDIEN

Le succès n'arrive pas en un seul morceau compact. Plus vite vous l'aurez compris, plus réaliste vous serez vis-à-vis de vous-même et plus vous serez en capacité d'apprécier vos victoires quotidiennes, qui un jour se transformeront en une grande réussite de vie.

L'une de mes plus belles victoires aujourd'hui, à mon modeste niveau, c'est de faire partie, depuis 2016, du jury des admissions d'entrée au master Management de la mode et du luxe de l'IFM (Institut français de la mode), alors même que j'ai été recalée au concours d'entrée en 2006.

Je vous laisse faire le calcul. Il m'a fallu dix ans pour faire mon chemin et être aujourd'hui parmi ceux qui facilitent l'entrée d'étudiants dans l'univers de la mode, sphère dont je rêvais de faire partie et dont on m'avait fermé les portes. Le jour où j'ai reçu l'invitation du jury, j'ai eu l'impression d'avoir gagné au loto ! Je suppose que les administrateurs de l'IFM ne connaissent pas cette histoire, mais en recevant cette invitation, j'ai vécu exactement la même émotion qu'avec le maillot de basket acheté à la Samaritaine treize ans auparavant. J'avais la sensation d'y « être arrivée », d'être reconnue, adoubée, d'en être. Quelle fierté ! Quelle victoire !

Je souhaite à tous de connaître cette saveur, cette couleur-là du bonheur personnel. Cette sensation indescriptible d'être là, au bon endroit, au bon moment, grâce à son travail, grâce à soi-même, et absolument à rien d'autre. Ni une histoire de réseau, d'entregent, de coups de pouce, d'introduction. Juste à soi-même, à son alignement, à son chemin personnel.

EN RÉSUMÉ

GARDEZ TOUJOURS À L'ESPRIT QUE C'EST LE BONHEUR QUI AMÈNE LE SUCCÈS. PAS L'INVERSE. MÊME S'IL FAUDRA SE PRÉPARER À AUTRE CHOSE, DE MOINS AGRÉABLE : LE SUCCÈS AMÈNE MALHEUREUSEMENT AVEC LUI SON LOT DE CRITIQUES, D'ATTAQUES, DE JALOUSIE.

— CHECK-LIST —

POUR SAVOIR OÙ VOUS EN ÊTES

Ces deux premiers chapitres vous ont permis de poser les fondations de notre sujet principal. Pour performer dans sa vie au quotidien, il faut entreprendre un travail de fond, qui relie notre corps à notre esprit, afin de guider chacune de nos actions sans jamais perdre de vue notre objectif : le succès, qu'il soit petit ou grand.

Les pages précédentes ont donné les conditions optimales, tant physiques que mentales, pour y arriver, pour s'entraîner à gagner, pour s'auto-motiver et même pour se coacher afin de devenir une personne performante, car en adéquation et alignée avec sa personnalité et son chemin. Toutes les questions relatives à l'image de soi, à la spiritualité, à l'être, à la conscience, au physique sont votre capital de départ. Sans avoir réglé les bases que sont le corps et l'état d'esprit, il est inutile et illusoire de croire que vous serez capable de gravir les échelons, de franchir les étapes et de remporter les défis qui se poseront à vous, au quotidien, dans votre vie personnelle et professionnelle.

✓ Si à cet instant, vous vous sentez motivée, au top voire au max, avec des idées d'outils du changement, alors poursuivez votre lecture. Les deux chapitres suivants vous intéresseront dans votre quotidien de femme puisqu'ils traitent de deux grands domaines d'application : la vie professionnelle et la vie personnelle (privée et sociale).

✓ Si vous avez besoin d'encore un peu de temps, prenez-le. Relisez certains passages, refaites les exercices. Avancez à votre rythme. L'engagement de ce guide est un objectif de moyens mais aussi un objectif de résultat. Sans moyens, pas de résultats, vous aurez perdu votre temps… et votre argent. La lecture de ce guide, l'assimilation de son contenu, doivent au final vous mener de votre point A à votre point B.

Prenez le temps de vous diriger vers votre propre bonheur.

PARTIE III

La vie professionnelle

LES RÈGLES DU JEU

Dans ce chapitre, nous allons parler du premier champ d'application de notre méthode d'alignement personnel : le monde professionnel. Autrement dit, votre travail. Si vous en êtes à cette étape de la lecture, c'est qu'*a priori*, vous êtes prête : vous avez l'état d'esprit idéal pour tester votre alignement sur un domaine régi par ses propres codes, le monde du travail.

“CERTAINS VEULENT NOUS FAIRE CROIRE QU'IL FAUT FAIRE DES SACRIFICES, MAIS NE LES CROYEZ PAS, NE LES ÉCOUTEZ PAS, FAITES-LES MENTIR. VOUS ALLEZ FAIRE LE BOLCHOÏ, QU'ILS LE VEUILLENT OU NON. ET NE RENONCEZ À RIEN, SOYEZ MÈRE, SOYEZ DANSEUSE, SOYEZ FEMME, CE SERA DIFFICILE, MAIS VOUS ÊTES ICI CHEZ VOUS.”

– Catherine Deneuve à Dorothée Gilbert
dans *Naissance d'une étoile*, un court-métrage de James Bort, 2017.

LE BON MOMENT ?

Cette phrase particulièrement touchante est la pierre angulaire de ce chapitre.
Catherine Deneuve campe le personnage d'une directrice de la danse dans un opéra mythique. Dorothée Gilbert, elle-même danseuse étoile de l'Opéra de Paris dans la vraie vie, incarne une danseuse qui apprend qu'elle attend un bébé la veille de son départ pour une grande tournée mondiale lui permettant d'accéder à une étape clé de sa carrière de danseuse. Elle est entraînée dans un tourbillon d'émotions intenses et contradictoires : joie, peur, appréhension, excitation, culpabilité. Car c'est un véritable tournant pour elle : à la fois personnel (c'est une première grossesse) et professionnel (elle peut enfin accéder à ce qui représente l'apogée de sa carrière).
Cette scène fixe parfaitement à mon sens les questionnements et les craintes que toutes les femmes affrontent au moment de l'arrivée de leur premier enfant.

- Est-ce le bon moment ?
- Serai-je à la hauteur ?
- Comment vais-je l'annoncer à mon employeur ?

La réponse formulée par le personnage joué par Catherine Deneuve m'a fait l'effet d'un électrochoc. Une révélation. Une onde sismique.

ET SI, EN FAIT, TOUT ÉTAIT POSSIBLE ?

Et si, en réalité, j'avais moi aussi **la liberté de choisir mon calendrier, mon agenda professionnel et personnel** ?

Et si j'arrêtais d'attendre l'approbation des uns et des autres ? Et si je respirais un grand coup et décidais d'être mon propre guide, ma propre et unique instance validante ?

À l'époque du visionnage du film en 2016, je n'avais pas encore donné naissance à mon premier enfant. Pourtant, j'ai ressenti puissance mille ce sentiment très contradictoire vécu par le personnage de Dorothée Gilbert : ce mélange désagréable de culpabilité teintée d'une urgence absolue à me libérer de chaînes aliénantes. Une envie d'accueillir les opportunités et les nouvelles telles qu'elles se présentent parfois à nous. Entièrement, pleinement et sans hésiter. Mais comment gérer cette envie de tout bazarder sans blesser mon entourage ?
À lire tous les témoignages que je reçois, je constate que toutes les femmes, à un moment donné de leur carrière, hésitent, pour des raisons rationnelles ou totalement irrationnelles.

- Ai-je le « droit » de saisir cette opportunité ?
- Que va dire mon compagnon ?
- Comment vais-je réussir à gérer mon couple, ma famille ET mon job ?

Peu nombreuses sont celles qui ne se sont pas interrogées et qui ont foncé, tête baissée, dans la grande aventure de la vie, sûres d'elles, sereines et en confiance. Personnellement, je crois que je n'en connais qu'une seule qui corresponde à cette description. En revanche, je connais quantité de femmes qui hésitent, se heurtent à leurs propres contradictions, leurs peurs inexpliquées, leur environnement parfois toxique, empêchant.

S'AFFRANCHIR DES BLOCAGES

La grossesse est aujourd'hui encore considérée comme l'un des « blocages » les plus communément répandus parmi les « symptômes » qui étouffent les carrières, les challenges professionnels. Mais nul besoin de passer par cette étape pour se sentir fébrile et en manque d'outils pour vaincre ses freins personnels.
Ce guide se veut le plus démocratique et le plus universel possible. Aussi je ne vais pas m'appesantir sur le volet précis qu'est la maternité. Je ne veux pas exclure celles qui ne sont pas mères, qui le souhaitent mais qui échouent, ou celles qui n'en sont pas encore là ou celles encore qui ont fait une croix définitive sur l'idée de la maternité. Ces décisions extrêmement intimes ne méritent aucun commentaire général, ni de la part de la société et encore moins de l'entourage direct des femmes en question. Il en est de même pour l'allaitement. Ceux qui se permettent de commenter publiquement les choix autour des questions de maternité ou d'allaitement mériteraient en retour qu'on les interroge sur leurs choix de rythme de masturbation ou de visionnage de films pornographiques. Je le redis, ces choix sont privés et, par définition, n'appellent pas de commentaires publics. Les femmes enceintes, qui allaitent ou pas, n'ont pas envie ni besoin de commentaires.
Big breaking news ! Ces thèmes ne sont ni des sujets d'actualité façon BFMTV ni des sujets de géopolitique que l'on discute à table pendant les réunions familiales.
À ce propos, si vous manquez de repartie et que vous êtes dans ce cas de figure, empressez-vous de vous procurer *Le Guide féministe de la grossesse*[1]. Non seulement vous allez vous bidonner, mais surtout, vous allez vous outiller pour de bon en cas d'oncles

[1] De Pihla Hintikka et Elisa Rigoulet, Marabout, 2019.

lourdingues ou de belle-mère zélée. Certaines reparties sont naturellement pourvues d'atouts verbaux ou de réactions incroyables, rempart contre la sottise ordinaire. Je ne peux m'empêcher de partager avec vous cette phrase mythique prononcée par Delphine Plisson (fondatrice de la maison Plisson) lors de sa dernière grossesse, quand une personne cherchait à lui caresser le ventre, sans demande ni consentement préalable : « Moi, si un homme me caresse le ventre enceinte, j'attrape les couilles directement. C'est radical. » J'en ris encore. Rien qu'en y repensant et en l'écrivant. Cash, mais diablement redoutable.

UN JOB, DES JOBS

Dans ce guide, je m'appuie beaucoup sur des expériences personnelles ou de proches, aussi j'avoue qu'il me sera difficile de satisfaire chacune d'entre vous, ne connaissant particulièrement bien que le monde des cadres dans les industries dites « créatives », c'est-à-dire le monde du luxe, de la mode, des biens de consommation en résumé.
Néanmoins, il existe des réflexions transversales valables pour une majorité de jobs, notamment sur les **grandes séquences de la vie professionnelle**. C'est précisément là-dessus que je vous propose de nous concentrer. Un genre de « La vie en CDI en entreprise pour les nuls », mais revisité.

Règle n° 1
OBSERVEZ ET COMPRENEZ TOUT AVANT DE DIRE « OUI »

Avant d'arriver à un poste en CDI à temps plein, rappelons qu'il existe des séquences généralement incompressibles du type stage, CDD, contrat en alternance, etc. Ces moments sont souvent valorisés pour leur caractère diplômant, un peu moins pour leur dimension « anthropologique »...
Personnellement, avant de signer mon premier contrat de travail en CDI, j'ai eu l'occasion de tester plusieurs entreprises, mais sur une même fonction : une expérience dans le *mass market*, une autre ultra-luxe et une encore chez un créateur. Techniquement, la fonction et les attentes étaient les mêmes, mais en termes de *soft skills*, c'est-à-dire l'intelligence émotionnelle et le savoir-être, c'était tout à fait différent. Les codes vestimentaires, l'environnement de travail, le registre de langue, les symboliques étaient extrêmement variables d'un univers à l'autre.
Pourquoi témoigner de cela ? Parce que, pour rappel, vous allez être amenée à passer huit heures par jour, cinq jours sur sept (en moyenne, bien sûr) avec les mêmes personnes, dans une même atmosphère. Alors réfléchissez bien avant d'accepter une proposition, et peu importe le moment où vous en êtes dans votre carrière – démarrage, milieu, fin.

POTASSER LA CULTURE D'ENTREPRISE

Pour s'épanouir dans son métier, il faut bien sûr adhérer à une fiche de poste, mais aussi à une **culture d'entreprise**.

Certaines sont particulièrement marquées, exigeant que l'on se plie à ce que le droit français nomme « l'usage ». En gros, rien de vraiment gravé dans le marbre, mais une vague coutume qui se répète et s'applique à tous dans le temps. Aux allergiques **des séminaires d'entreprise** à sept cents personnes loin de chez soi, avec au menu atelier acrobranche en guise de *team building*, et soirée percussions avec le DAF (directeur administratif et financier) alcoolisé, en totale roue libre, je dis « attention » !

- Vous pensez être en « OFF », dans un cadre au vert : erreur de débutant. Quelle naïveté !
- En réalité, vous êtes observée, évaluée dans chacun de vos gestes les plus intimes et personnels. Vous vivez là un test de personnalité en 3D. On cherche justement à comprendre qui vous êtes. À quoi vous occupez votre temps libre. Quelle école fréquentent vos enfants. Etc. Autant de billes que vous allez devoir donner, et pas vraiment le choix que de donner le change. Donc autant vous prévenir !
- Une fois prévenue, vous serez en conscience et donc capable de vous en sortir parce que vous saurez ce qui se joue et ce qui se trame par ce faux jeu de la spontanéité et de la sincérité, du fameux soi-disant « temps informel ».
- Ne soyez pas dupe et tirez-en parti ! Dites ce que vous voulez que l'on croie de vous. Subtilement. Habilement.
- Posez de votre côté le maximum de questions à vos interlocuteurs. Et si une question vous met mal à l'aise, retournez-la. Observez. Apprenez. Écoutez les ténors de l'entreprise dans laquelle vous travaillez.

JE PASSE À L'ACTION

Au prochain pot de départ ou d'arrivée de votre boîte, lancez-vous. Allez à la rencontre des collègues que vous ne connaissez pas. Et si possible, ceux qui vous impressionnent.

→ Je brise la glace

Abordez-les afin d'éviter un moment de gêne, une faille spatio-temporelle : introduisez-vous brièvement (nom, prénom, poste, cela suffit largement). Si votre interlocuteur ne relance pas – ce qui est quasi impossible – expliquez-lui votre démarche, pourquoi vous voulez le saluer et vous présenter. Je vous conseille vivement d'être à jour sur ses dossiers du moment et sur son actualité pour être capable de l'intéresser, de montrer que vous vous êtes un peu renseignée sur lui et ses projets. Pas l'inverse.

→ Je joue le jeu

Vous vous intéressez à l'autre, pas l'inverse. L'autre sait déjà qu'il est intéressant puisqu'on le lui dit à longueur de journée, et la preuve, vous faites la démarche d'aller le solliciter.

→ Je suis ancrée dans l'instant

Essayez d'être originale et sereine. Pas fan. Pas cliché. Pas timide. NORMALE.

Règle n° 2
POUR VOUS ÉPANOUIR, OSEZ. ASSUMEZ-VOUS !

Ce qui pour vous représente parfois une montagne à gravir n'est qu'un détail dans une somme d'anecdotes, de problèmes qu'un autre a à régler dans sa journée.

Je vais partager avec vous un exemple pour illustrer ce décalage de perception : quand, en 2009, une assistante de direction a refusé de me donner un rendez-vous officiel avec la P-DG d'un gros groupe, faute de place dans le calendrier. J'étais repartie bredouille, avec pour seule consigne : « Nathalie, si vous devez parler à Elisabeth, attendez-la à la sortie de son comité de direction ! »

« Euh... Comment dire. Interpeller un P-DG à la sortie d'un codir' alors qu'on a 26 ans n'est pas vraiment ce qu'il y a de plus évident », me suis-je alors dit intérieurement.

Et pourtant, je l'ai fait. Pourquoi ? Non pas par courage, par témérité ou par impolitesse d'une tête brûlée, mais bien parce que **je voulais être alignée avec moi-même par-dessus tout**. Et parce que je savais qu'il me coûtait beaucoup plus de rester dans un poste que je ne supporterais pas d'occuper un jour de plus, que de prendre le risque d'être balayée dans le couloir par une femme dirigeante pressée et surchargée de responsabilités. J'ai donc pris mon courage à deux mains et j'y suis allée.

Résultat : j'ai tout gagné. J'ai réussi à expliquer ma situation, elle a souri. Et, synchronicité aidant, elle m'a proposé une mission, comme bras droit, sur un périmètre de mission qui me convenait beaucoup plus.

De nouveau, j'avais gagné au loto. Non seulement je me suis prouvée qu'être alignée avec soi-même, c'est payant, mais surtout, en « osant » affronter directement la P-DG, celle-ci a probablement senti que je serais à la hauteur des défis qui m'attendaient.

NE PAS RUMINER DANS SON COIN

En donnant cet exemple, mon dessein n'est pas d'illustrer ma détermination, mais plutôt de partager avec vous un épisode de ma carrière qui démontre qu'on peut perdre un temps précieux à ruminer dans son coin. Parce que c'est peut-être un scoop pour vous, mais personne ne vous entend ! Aussi, à part polluer votre environnement – et accessoirement vous noyer dans des ondes négatives –, ce n'est pas là le chemin le plus court vers l'épanouissement professionnel.

Surtout, vous agiter toute seule dans votre coin est assez ridicule d'un point de vue neutre et extérieur. Car ce que vous imaginez être l'enjeu majeur de votre vie… n'est qu'un échange de quinze minutes maximum avec une personne qui vous impressionne. L'échange que j'ai eu en 2009 avec Elisabeth n'a pas duré plus de dix minutes ; c'est pourtant ces dix minutes-là qui ont changé le cours de ma carrière. Elles ont ouvert une fenêtre sur une occasion d'apprendre, d'observer, de comprendre le fonctionnement global d'une grosse entreprise. Et pour cela, je lui serai éternellement reconnaissante.

Règle n° 3
PASSEZ MAÎTRE DANS L'ART DE L'AUTO-ÉVALUATION

La grande majorité des employés de bureau ne sont pas lucides sur deux aspects de leur vie professionnelle :

- Le projet d'entreprise de leur employeur.
- Leurs aptitudes.

Pour le premier aspect, c'est assez logique et plutôt humain. Chacun regarde par le prisme de son équipe, son service, voire son bureau. Et pourtant, si vous voulez avancer, il va falloir penser autrement, élargir votre spectre, penser collectif et comprendre le système global du fonctionnement de celui-ci. Tout est interconnecté et interdépendant.

PENSER COLLECTIF

- Essayez au maximum d'**échanger avec des équipes complémentaires** aux vôtres. Ne restez jamais entre profils siamois : les créatifs avec les créatifs. Les marketeurs avec les marketeurs. Et ainsi de suite.
- C'est de l'entrisme primaire appliqué au monde de l'entreprise. L'antidote contre l'innovation et l'audace. *In fine*, le bonheur, l'épanouissement professionnel ne passeront que par votre capacité à innover, à désaxer, à faire preuve de créativité, tout en respectant qui vous êtes.
- **Désaxez votre mode de pensée**, même le temps d'un café. Mettez-vous à la place de l'autre afin de comprendre son point de vue. Peu importe si vous êtes d'accord ou pas, l'intérêt est ailleurs. L'objectif pour vous n'est pas d'imposer votre point de vue, mais bien de comprendre comment

fonctionne l'autre pour justement, s'il y a lieu, utiliser ses codes pour l'emmener là où vous souhaitez.

- **Pensez plus haut**, plus loin. Ayez à l'esprit le résultat attendu, pas la réaction instantanée.
- **Entrez dans son monde.** Tout comme lorsque l'on joue avec des enfants, on entre dans leur monde, on utilise une voix différente pour incarner des personnages et l'on pénètre dans un imaginaire, dans une histoire. C'est exactement la même chose avec vos collègues. Pour comprendre l'autre, rentrez dans son monde. Sans cela, vous ne parviendrez jamais à comprendre l'enjeu global de la situation. Dans les blocages sociaux contemporains, il est assez sidérant d'observer à quel point le schisme culturel est fort entre les groupes syndicalistes revendicateurs et les décideurs. Personne ne se met à la place de l'autre. Ni d'un côté ni de l'autre. Naturellement, le dialogue social s'interrompt net. Un monde se coupe de l'autre et se radicalise. C'est évidemment un gros raccourci, mais si l'on transpose cette observation au monde professionnel, on risque d'apprendre beaucoup de choses ; le « Vis ma vie » en entreprise est toujours un exercice enrichissant. Une émission de télévision[2] a même été fondée sur ce marronnier : le grand méchant patron joue à l'employé non qualifié, et réciproquement. En synthèse, usez et abusez de l'altruisme et de l'empathie afin d'évaluer une situation globale et ses enjeux ; vous en comprendrez bien mieux les contours.

---

[2] *Patron incognito*, émission de télévision diffusée sur M6 entre 2012 et 2020.

CONNAÎTRE SES POINTS FORTS ET SES POINTS D'AMÉLIORATION

Pour ce deuxième aspect, je ne peux que vous conseiller de faire appel à des coachs extérieurs, à des mentors, à des personnes de confiance qui sauront vous évaluer de façon désintéressée et parfaitement neutre.

En effet, le système des ressources humaines interne des entreprises françaises est encore aujourd'hui assez orienté pour servir le projet interne *versus* votre projet personnel. L'entreprise vous forme pour que vous soyez plus productive et performante en interne, pas pour que vous alliez fanfaronner à droite ou à gauche chez un concurrent. Quand vous pensez formation, l'entreprise pense ROI, retour sur investissement. À moins, bien sûr, d'officier dans une ONG ou dans une association.

Si vous souhaitez nourrir votre réflexion personnelle au sujet de votre carrière, pensez à piocher dans votre compte de **formation professionnelle**. Ce n'est pas le rôle d'une entreprise de financer votre quête identitaire. Le mélange des genres est rarement la bonne option. C'est pour cela que pour être capable de reconnaître précisément vos atouts majeurs, faites des **bilans de compétence indépendants**. Dépassionnez le débat. Assurez-vous de ne pas céder à la dictature de l'émotion liée à l'instant vécu dans votre entreprise du moment. Pensez à vous. À votre chemin. À votre point A et à votre point B. C'est tout ce qui importe.

Règle n° 4
DÉFINISSEZ VOTRE « PERSONNAGE PROFESSIONNEL »

Les quatrièmes et cinquièmes règles ont pour objectif de vous aider et de vous outiller pour comprendre les codes de ce que l'on appelle le « marketing personnel ».
Dans la sphère professionnelle, mon conseil est d'user de cette stratégie formidable qui consiste à **considérer votre environnement professionnel comme un grand théâtre**. Non pas pour être malhonnête et faire de vous un animal politique, mais plutôt pour désamorcer un sujet fondamental : **ce que vous faites dans le cadre de votre job n'est pas ce que vous êtes profondément**. Votre nature s'exprime bien sûr au quotidien et transpire dans votre façon d'être au travail – d'où l'importance de choisir un environnement dans lequel vous êtes à l'aise (voir règle n° 1).

Mais en aucun cas, votre nature profonde ne se limite à la sphère professionnelle. C'est une grave erreur de surinvestir un seul champ de votre identité par le prisme professionnel. C'est souvent ce qui précipite un grand nombre de femmes et d'hommes dans le burn out.

Personnellement, j'analyse surtout le burn out « professionnel » comme une profonde crise identitaire que le malaise au travail n'a fait que précipiter pour déclencher un aller sans retour.

“

NOTRE SOCIÉTÉ
EST COMME UN
BAL MASQUÉ,
CHACUN Y CACHE
SA VÉRITABLE
NATURE ET
LA RÉVÈLE PAR
LE CHOIX DE SON
MASQUE.

”

– Ralph Waldo Emerson

VOTRE JOB N'EST PAS VOUS

Il est absolument indispensable de dissocier, avec consistance et clairvoyance, votre nature profonde de votre job. À mon sens, partir de ce postulat vous préserve de nombreux déboires.
Quand, en 2011, j'ai été nommée directrice conseil à l'âge de 28 ans chez NellyRodi, j'ai vécu une première année extrêmement douloureuse d'un point de vue identitaire. Je revenais comme numéro 2 d'une PME familiale, alors que j'y avais occupé des postes de stagiaire, de chef de projet junior puis confirmée, et que j'en étais partie en 2008. J'ai pris beaucoup de temps de réflexion pour savoir si j'allais accepter cette formidable opportunité ; non pas que j'avais des doutes ou questionnements sur mon savoir-faire technique mais plutôt sur ma capacité à diriger et manager des collaborateurs ex-collègues, avec qui j'avais célébré des fêtes mémorables.

Mon président avait eu la sagesse et la clairvoyance de me prévenir d'emblée : « Nathalie, **un dirigeant, c'est souvent très seul**. Seul face aux décisions à prendre. Seul face aux responsabilités. Vous êtes très jeune et vous allez vivre un réel décalage avec vos copines, qui elles, sont toujours à des postes de chef de projets, au mieux responsables de services. »
Il avait raison sur toute la ligne. Non seulement j'ai dû changer de garde-robe, mais surtout, j'ai dû aménager mon emploi du temps pour faire face aux responsabilités immenses qui m'incombaient.

« Ma meilleure vie » ?

En l'espace de quelques mois à peine, je suis devenue membre Platinum chez Air France, je menais des conférences en anglais, en français, en italien, en polonais aux États-Unis, au Brésil, en Chine, à Singapour, au Maroc... Partout dans le monde, je voyageais, parfois accompagnée, mais souvent seule.
J'étais alors célibataire et sans enfants. Je vivais « ma meilleure vie ». Aucune obligation, sinon celle de réussir mon défi professionnel. Je me suis donc jetée à corps perdu dans le travail, sphère que j'ai largement surinvestie au détriment de mes amis, de ma famille, de la danse et de tout ce qui va avec le package des trentenaires urbains parisiens.

Pendant que certains s'amusaient au Baron et d'autres lieux prisés des *cool people*, j'étais dans un avion quelque part entre Shanghai et Hong Kong. Je pense que j'ai gagné à cette époque énormément de temps et d'expérience. Voyager, négocier seule des contrats à l'autre bout du monde, se motiver le soir pour répondre à ses e-mails calés sur un fuseau horaire inversé, assumer de dîner seule le soir dans son lobby d'hôtel en tenant bon, sans baisser sa garde ni son ambition vous forgent une carapace professionnelle énorme.

À l'époque, je dormais trois ou quatre nuits maximum par mois dans mon petit appartement charmant des Abbesses, à Paris. En gros, je rentrais pour faire mes lessives et dormir dans mes propres draps plutôt que dans le cadre impersonnel des hôtels internationaux. Je suis sûre que mon témoignage résonne de façon plus ou moins directe pour celles qui occupent des postes à responsabilités.

Un jour, le drame. Un collègue m'interpelle sur un sujet, avec une mauvaise foi à peu près égale à son incompétence sur le sujet en question. J'étais la « jeune femme » qui dirigeait, la coupable idéale, la parfaite cible à abattre, « l'ambitieuse aux dents qui rayent le parquet ». Notez qu'un homme plus âgé à mon poste n'aurait jamais été la cible de cette attaque. En avoir parfaitement conscience m'a aidée à garder mon sang-froid afin de gérer la situation.

En revanche, je n'étais pas du tout préparée au tsunami qui allait me bouleverser dans la foulée. Mon président, ayant eu écho de cette altercation, nous a convoqués tous deux dans son bureau pour régler l'affaire. Puis il m'a gardée dans son bureau pour me dire : « Vous savez, Nathalie, quand on surinvestit un champ au détriment d'un autre, c'est **signe d'un déséquilibre**. »

En clair, personne n'était dupe sauf moi, *a priori*. Je surinvestissais beaucoup trop le champ professionnel au détriment du champ privé et social. Cela m'a fait l'effet d'une onde sismique. Moi qui voulais si bien faire, être performante et tout réussir, je courais à ma propre perte. Non pas celle de mon job, puisque j'avais réussi à rentabiliser les services confiés, mais je courais à la perte la plus intime et profonde : celle de ma vraie nature. **Je m'étais méthodiquement oubliée, désengagée de mes intérêts privés.**

“

METTRE UN FILTRE,
UNE DISTANCE,
UN MASQUE POUR
INCARNER
VOTRE RÔLE
PROFESSIONNEL
N'ÉQUIVAUT PAS À
TROMPER VOTRE MONDE,
MAIS PLUTÔT À PRÉSERVER
LE VÔTRE, JUSTEMENT.
ET C'EST BIEN TOUT
CE QUI IMPORTE.

”

Ne pas passer à côté de sa vie

C'est à partir de cette leçon de vie que, comme une évidence, m'est apparu mon leurre. J'avais toujours cru que la qualité de mon travail rendu était synonyme de la qualité de ma personne. Que si j'étais performante professionnellement, alors j'étais forcément valable en tant qu'individu.

Si j'écris ce guide, c'est précisément pour prévenir les jeunes femmes des risques encourus lorsque l'on fait trop de concessions pour « y arriver » professionnellement. On risque de passer à côté de sa vraie nature et, par extension, de sa vie.

Ce rappel à l'ordre a été radical pour moi. C'est à ce moment précis que je me suis dit que j'avais une chance inouïe d'avoir un mentor, un manager aussi concerné par mon bien-être. Surtout, j'avais là l'opportunité de rectifier le tir pour de bon, pour le reste de ma vie professionnelle. Ça allait être **le premier jour du reste de ma vie professionnelle**. Une vie orientée vers le bonheur, l'accomplissement, les succès personnels et professionnels, à mon rythme, avec mon calendrier. Une libération.
Cette étape a eu un double bénéfice :

- Me forcer à me replonger dans un travail introspectif.
- Prendre de la hauteur vis-à-vis de ma vie professionnelle.

Aujourd'hui, avec le recul, je trouve qu'il est bien plus efficace d'avoir des relations interpersonnelles dans le monde du travail, qui soient rationnelles, raisonnables, et pas trop dans l'affect. L'affect vous détourne des objectifs de l'entreprise et vous met en danger personnellement. Je sais qu'il est aujourd'hui de mise de mélanger les genres : amis, collègues, free-lances, chefs.

On ne sait plus qui est qui. Pourtant, chacun reprend bien son rôle quand il s'agit de négocier, d'évaluer… ou de démissionner. C'est pourquoi j'adore cette métaphore du bal masqué ou du théâtre quand il s'agit de l'appliquer à la sphère professionnelle.

VOTRE JOB N'EST QU'UN MOYEN

Ce détour et ces anecdotes très personnelles ont un but unique : vous aider à vous émanciper de cette croyance limitante qui serait que votre job = vous-même. Dès lors, le comprendre ouvre le champ du marketing personnel à l'infini. Considérez cela comme un jeu !

Puisque vous savez qui vous êtes profondément, n'hésitez plus à vous amuser et à explorer les territoires possibles de votre expression identitaire pour servir au mieux vos intérêts professionnels. Lorsque le matin je m'habille, je pense presque « uniforme ». Je trouve bien plus honnête et efficace de prendre mon job comme un véritable rôle plutôt que de feindre l'engagement professionnel par une approche émotionnelle.

C'est probablement faux pour les entrepreneurs et les métiers à vocation comme les sages-femmes, les pompiers ou les professeurs, mais pour les autres, je pense qu'il est parfaitement hypocrite de dire qu'être cadre dirigeant, chef opérateur téléphonique ou ouvrier qualifié est l'œuvre d'une vie.

Le job n'est qu'un moyen. J'agrée totalement au principe du « il faut travailler pour vivre, et non vivre pour travailler ». Les voyages, les enfants, les hobbies, la culture, le sport vous apprennent beaucoup plus sur vous-même que votre métier. Opter pour ce prisme analytique va vous permettre de vous libérer et d'organiser votre carrière de façon beaucoup plus consciente et productive.

- Quel job est bon pour moi ?
- Quel rythme est idéal pour moi ?
- Quelles sont les compétences que j'ai et que je veux mettre au profit d'un métier ?
- Quelles sont au contraire les valeurs qui me tiennent à cœur mais que je n'arriverai pas à exprimer dans mon métier ?

Car, soyons lucides, on ne peut pas toujours trouver un job qui colle à 100 % à sa vision du monde et à son profil. Pensez donc par étapes, par séquences de carrière : par exemple, « pendant cette période-là, je vais, grâce à ce job, apprendre telle et telle chose ». Pour ma part, je considère que si un job répond positivement à six sur dix critères attendus de votre part, c'est bon, il faut le prendre.

JE PASSE À L'ACTION

Munissez-vous d'un papier et d'un crayon.
Cas de figure A. Vous avez un job
Cas de figure B. Vous êtes au chômage et vous cherchez un job.

CAS DE FIGURE A

→ Essayez d'établir deux listes réparties sur deux colonnes :

- Colonne de gauche : vous, vos valeurs – dix valeurs personnelles, croyances qui vous tiennent à cœur.
- Colonne de droite : votre job aujourd'hui. Listez les points de satisfaction que vous apporte votre job et ajoutez des exemples concrets qui montrent en quoi il est aligné avec votre colonne de gauche.

→ Si vous avez réussi à écrire six ou sept points

dans la colonne de droite, alors franchement, vous avez beaucoup de chance et je vous invite à dire à vos collègues, à votre patron, que vous appréciez votre vie professionnelle avec eux.

→ Si vous avez noté cinq points,

je vous recommande de choisir une valeur personnelle dans la colonne de gauche et de réfléchir de manière à « compléter » votre activité professionnelle par des activités annexes (sport, vie associative, projet personnel), capables de satisfaire cette valeur. Ne balayez pas d'un revers de main votre job.

→ Si vous avez noté moins de cinq points,

commencez un travail de réflexion et relisez les règles 1 à 3 de ce chapitre pour bien comprendre ce qui se trame en vous. Démarrez des séances d'auto-évaluation professionnelle. Rentrez activement dans une démarche introspective qui vous conduira soit à changer de job, soit à vous réorienter.

CAS DE FIGURE B

Reprenez le même en-tête d'exercice pour la colonne de gauche.

→ Définissez votre boulot rêvé

Écrivez six tâches qui, pour vous, seraient réalistes et inspirantes et que vous aimeriez exercer dans votre nouveau job.

→ Osez poser des questions

Ayez cette grille à l'esprit lors de vos prochains entretiens. Elle vous permettra à la fois d'être efficace dans la lecture de la fiche de poste proposée, et pertinente dans la phase de questionnement à votre employeur.

Règle n° 5

LE *PERSONAL BRANDING*, OU COMMENT METTRE EN VALEUR VOTRE PERSONNAGE PROFESSIONNEL

De la rédaction du CV à la présence sur les réseaux sociaux, apprenez à mettre en avant vos atouts au service du succès professionnel.

Maintenant que vous êtes au clair sur votre environnement professionnel, votre nature profonde, vos aptitudes, vos attentes professionnelles et le personnage professionnel que vous voulez incarner, vous êtes à même de construire vos outils professionnels de **présentation et d'image pour servir votre identité et votre carrière professionnelles**.

Dans un monde hyper-connecté, qui nourrit un culte pour l'image, tout est axe de communication identitaire. Et il est bien naïf de croire le contraire, protection des données personnelles ou pas.

VOTRE CV ET VOTRE LETTRE DE MOTIVATION

De votre CV à votre présence sur les réseaux professionnels, tout est communication. Vous pensiez choisir cette image de vous à bon escient pour illustrer votre CV parce que vous êtes souriante et bien coiffée ?

Malheur. Beaucoup trop bronzée et enjouée pour un CV ! Un CV se veut un espace neutre et professionnel. Ce n'est pas votre espace MySpace datant de 2002. **On veut des faits, pas des effets.** Le pire étant bien sûr la manipulation peu précautionneuse et maladroite des icônes ou autres pictogrammes farfelus pour illustrer vos passions personnelles. Pourquoi pas un petit poney dessiné en couleurs pour témoigner de votre niveau d'équitation ? Non, non, c'est non.

Un CV = espace sobre et professionnel. Neutre. Oubliez aussi les envolées narratives dans les lettres de motivation.
Vous n'écrivez pas une lettre d'amour. Vous posez votre candidature pour un poste qui requiert avant tout des compétences pratiques et techniques. Pas un tempérament de GO contrarié. Une lettre de motivation n'est pas non plus un blog personnel. Laissez donc votre employeur et vos collègues futurs juger de votre côté boute-en-train. Signez d'abord. Et passez haut la main votre période d'essai.
Être sympathique et farceur peut être un plus au Cirque du Soleil mais ne sera malheureusement pas un argument suffisamment solide pour vous retenir à un poste de chef de projet digital, par exemple.

MARQUEZ DES POINTS

Il est parfois bon de le rappeler : le marché du travail reste encore un marché. C'est-à-dire qu'il y a d'un côté des besoins, des offres et de l'autre des candidats, des demandes.
À moins d'être votre propre patronne ou d'être chassée pour qui vous êtes (et encore, ce n'est pas sûr), ne pensez pas que vous allez vous-même, à J+1 de votre arrivée, imposer votre culture, votre façon d'être à l'entreprise qui, pour mémoire, fonctionnait avant votre arrivée – et continuera de fonctionner aussi après votre arrivée, que vous restiez ou pas. C'est formidable d'avoir des valeurs, des croyances, des convictions. Mais faites attention à ce que cela ne devienne pas des certitudes enfermantes et excluantes. **Essayez plutôt de montrer en quoi vos croyances résonnent avec le projet de l'entreprise et en quoi votre profil peut le faciliter, le nourrir voire l'accélérer. Là, vous marquerez des points.**

A (l'entreprise) + B (vous) =
A augmentée + B augmentée.
Et pas A + B = C.

Chaque partie est gagnante si elle respecte les règles du jeu des deux parties. L'entreprise forme, qualifie et fait grandir le salarié. Et, réciproquement, le salarié nourrit le projet de l'entreprise pendant un temps donné. C'est un deal. Une affaire. Un marché conclu en quelque sorte. Ce n'est ni une liaison ni un engagement pour la vie. Voilà encore une autre raison de prendre un peu d'altitude quand on parle de vie professionnelle.

Règle n° 6
APPRENEZ À MENER UN ENTRETIEN

Dans n'importe quel domaine professionnel et peu importe le niveau de responsabilités visé, il y a une phase incompressible et souvent redoutée : l'entretien préalable au recrutement. Afin de vous y préparer, voici quelques conseils précis et concis.

AVANT

- Choisissez votre **tenue** la veille (propre, pliée, rangée, prête, pas avec le repassage à fignoler le matin même).
- **Ayez confiance en vous.** Pour cela, il est bien sûr indispensable d'être impeccable. Discours, fond et forme ; cheveux, *make up*, tenue. Mieux vaut passer s'acheter la veille un top chic chez Zara ou H&M que porter une énième fois votre chemisier fétiche porte-bonheur. Vous devez vous sentir sûre de vous, à l'aise et forte. Sur le fond, c'est évi-

demment un prérequis. N'arrivez pas à votre entretien sans être allée au minimum lire tout ce qui concernait votre futur employeur, société. Les sites internet. L'actualité de l'entreprise. Pensez que vous êtes là pour convaincre grâce à vos qualités techniques, mais aussi parce que le poste et l'entreprise vous intéressent. Ne laissez pas de place au hasard. Vous devez être préparée. Personnellement, si un candidat arrive en entretien et qu'il n'a même pas pris le temps de *checker* le site internet de la boîte que je représente, vous pouvez être sûre qu'il ne sera pas retenu.

- Armez-vous de votre **dossier de présentation** : book, CV, dossiers. N'arrivez pas les mains vides, même si l'on vous a dit que oui, on a déjà votre CV. Au minimum, prenez un carnet pour noter. (Prendre des notes sur Smartphone peut encore être mal perçu par certains recruteurs. En cas de doute, osez poser la question poliment : « Voyez-vous un inconvénient à ce que je prenne des notes électroniques ? » Posez une question ouverte. Toujours.)
- Calculez votre **trajet**. Définissez votre mode de transport et rajoutez en moyenne trente minutes pour, une fois arrivée à bon port, prendre le temps d'un *check* rapide aux toilettes.
- **Pour les plus stressées** : repérez la veille de votre rendez-vous où précisément se situe le lieu de l'entretien. Parfois, dans l'agitation du jour J, on s'emmêle les pinceaux et on panique, on prend une rue pour une autre.
- La veille du rendez-vous, **on ne prend aucun risque** : pas de rendez-vous improvisé, pro ou perso. Pas de fête. Rien qui puisse menacer votre concentration. Pas de contrariété non plus. Vous devez être sûre de vous et sereine.

PENDANT

- **Laissez le recruteur diriger la discussion.** Rien de plus désagréable qu'un candidat qui, pour montrer son envie et sa motivation, coupe la parole, mène le débat, déborde totalement du cadre.
- **N'inversez pas les rôles**, même si vous êtes chassée. Vous êtes davantage dans la posture de l'invitée, et l'employeur est l'hôte. C'est un peu comme si chez vous, vos propres invités décidaient de l'heure à laquelle passer à table. Non, ça ne marche pas comme ça.
- Formulez des **réponses concises et courtes**. Ne parlez pas en continu de vous-même pendant plus de quelques minutes.
- Adoptez une **posture verbale et non verbale ouverte**, avenante et souriante. Certes, l'employeur peut être impressionnant. Mais dans ce cas, armez-vous avant : respirez !
- **Si vous ne comprenez pas une question**, reformulez-la et assurez-vous auprès de votre interlocuteur que c'est bien là sa demande.
- Ne paniquez pas et **ne laissez pas de blanc s'installer**. Si vous ne trouvez pas tout de suite la réponse, dites simplement : « Je réfléchis un instant. » Le temps de le dire, vous gagnez quelques secondes.
- **Ne tombez jamais dans la langue de bois.** Entraînez-vous en regardant les débats politiques, par exemple. Les hommes politiques sont des experts de la communication quand il s'agit de gagner du temps avant de répondre directement à une question à laquelle ils n'ont pas la réponse !

- **Restez sincère, polie, transparente et sobre.** Cela ne veut pas dire molle ! Mais l'énergie et la motivation ne se traduisent pas forcément par un débit mitraillette ou des éclats de rire. Du point de vue de l'employeur, c'est plutôt interprété comme de l'hystérie ou comme un manque de stabilité émotionnelle.
- D'une manière générale, **soignez vos échanges**, respectez-vous et respectez vos interlocuteurs. Peu importe leur job.

APRÈS

- Même si l'on vous dit « C'est nous qui revenons vers vous », n'attendez pas. Bouclez vous-même le procédé par un **e-mail de remerciements** ; si vous êtes prise, alors vous serez appréciée pour votre politesse légendaire. Si vous n'êtes malheureusement pas retenue, vous marquerez les esprits, et l'on vous gardera en mémoire. Le jour où une nouvelle occasion se présentera, on saura retrouver facilement votre trace. Les écrits restent, l'oralité jamais.
- **Ne harcelez pas le recruteur** pour avoir un *feed-back*. Vous n'êtes ni la seule candidate, ni prioritaire sur tout le reste. Le poste à pourvoir pour lequel vous postulez n'est qu'une ligne dans l'agenda chargé du décideur. Votre vision de la taille de l'enjeu est déformée par votre envie. Les recruteurs n'ont pas le même agenda que vous.
- Si vous avez promis que vous enverriez **une pièce complémentaire** pour nourrir votre dossier de candidature, faites-le sans attendre, dans un délai respectueux, c'est-à-dire dans les quarante-huit heures.

N'EN FAITES PAS UNE AFFAIRE PERSONNELLE

On ne perd jamais son temps à rencontrer des personnes. On apprend toujours quelque chose. Un recrutement n'est pas une quête personnelle. Parfois, lorsque l'on n'obtient pas le job de ses rêves, c'est parce qu'un meilleur *match* s'est fait. Parfois dû au calendrier, parfois dû au hasard des tris de candidatures. C'est ainsi.

Quoi qu'il arrive, transformez cette démarche en une expérience positive. Retenez ce que l'on vous dit, comme les candidats apprentis chanteurs des télécrochets.

EN RÉSUMÉ

CE N'EST PEUT-ÊTRE PAS ENCORE VOTRE GRAND MOMENT, MAIS VOUS AVEZ EU ACCÈS À DES GENS INTÉRESSANTS AVEC LESQUELS VOUS AURIEZ AIMÉ TRAVAILLER. ÉCOUTEZ-LES, RETENEZ LEURS CONSEILS. DEMANDEZ CE QUI N'A PAS FONCTIONNÉ, CETTE FOIS-CI ! CAR LA PROCHAINE SERA CERTAINEMENT LA BONNE SI VOUS METTEZ TOUTES LES CHANCES DE VOTRE CÔTÉ ET QUE VOUS GARDEZ UN ÉTAT D'ESPRIT POSITIF.

Règle n° 7
N'AYEZ PAS PEUR DE NÉGOCIER

Il existe des tonnes de manuels et de guides qui présentent des techniques de négociation. Mon expérience de dirigeante m'a appris plusieurs choses :

- On obtient parfois plus **en ne réclamant pas**.
- On gagnera toujours à **ne pas mettre en avant des arguments personnels** tels que j'ai divorcé, je déménage, j'ai une famille. Vous n'êtes pas en négo avec vos parents ou votre banquier. Vous êtes dans une discussion officielle avec votre employeur.
- On augmente les collaborateurs seulement dans **deux cas de figure** :
  - Ils surperforment et dépassent leurs objectifs.
  - Ils changent de poste ou de fonction et prennent, par la même occasion, des tâches additionnelles.
- Ne rêvez pas trop et renseignez-vous, avant d'intégrer une entreprise, sur sa **culture salariale**. Par exemple, il est de notoriété publique que certaines maisons de luxe ou certaines entreprises françaises n'ont pas de grilles de salaires très généreuses. Vous allez perdre un temps fou à ruminer et dire : « Rhooo, quand même, quelle bande de voleurs ! » Alors, soit vous acceptez le *deal* en pleine conscience car c'est pour vous un passage obligé vers un autre poste, soit vous passez votre chemin. Vous n'êtes pas seule sur la liste. Ne mentez jamais sur votre **salaire précédent**. Rien de pire. Et rien de plus facile à vérifier.
- Soyez archi-claire sur vos **prétentions** et gonflez-les de 10 à 15 % selon votre attirance pour le poste. Vous aurez

ainsi plus de chances d'arriver finalement au montant auquel vous prétendez réellement. Mesurez le risque pris à ce jeu-là. Si vous êtes totalement à côté des grilles pratiquées par l'entreprise, vous serez disqualifiée d'entrée de jeu.

- Soyez armée et vraiment préparée : **brut-net. Pourcentages.** Préparez vos tableaux, n'arrivez pas toute « nue ». Sachez manipuler aussi bien les chiffres et les pourcentages que votre employeur peut le faire.
- Soyez aussi très claire sur les **demandes annexes** : mutuelle, Tickets-Restaurant, nombre de congés payés, de jours de RTT, dates éventuelles de fermeture de l'entreprise. Renseignez-vous, échangez. Ne découvrez pas tous ces critères au fur et à mesure.

EN RÉSUMÉ

RESPONSABILISEZ-VOUS. PERSONNE NE PEUT SAVOIR À VOTRE PLACE CE QUI PRIME ET CE QUI IMPORTE POUR VOUS. AUSSI, ASSUMEZ-LE ET DITES-LE. POSEZ VOS QUESTIONS EN CONSÉQUENCE. UNE FOIS DANS L'ENTREPRISE, IL SERA TROP TARD.

Règle n° 8
SOYEZ CLAIRE SUR VOTRE *WORK-LIFE BALANCE*

Pour conclure ce troisième chapitre consacré à la carrière professionnelle, alignée avec votre nature profonde, et en guise de synthèse de tout ce que l'on vient de voir, je vous propose d'évoquer ici le fameux graal du *Life balance*.

ÊTES-VOUS PRÊTE ?

À cette étape de la lecture, **assurez-vous que vous êtes capable de valider ces propositions :**

- *Je suis alignée avec moi-même (corps-esprit).*
- *Je sais qui je suis.*
- *Je sais où je veux aller professionnellement.*
- *Je sais les efforts que cela en coûte ou que cela va coûter.*
- *Je suis satisfaite de mon job – ou je sais quel type de job je veux avoir.*
- *Je me suis évaluée.*
- *Je suis à l'aise en entretien.*
- *Je suis capable d'énoncer clairement mes envies professionnelles.*
- *Je sais ce que je veux et ce que je vaux.*

Si vous n'êtes pas sûre de vous à 100 % sur toutes ces propositions, ce n'est pas grave, mais cela ne sert à rien de continuer à lire cette partie du guide.

Pourquoi ? Parce que dans l'expression « *life balance* » il y a le mot *balance* qui signifie équilibre en français. En clair, quel poids voulez-vous donner à votre vie professionnelle par rapport à tout le reste ?

Si vous n'êtes pas au clair sur l'étape préalable, c'est-à-dire la définition de votre projet professionnel, il est tout à fait prématuré d'aborder le sujet de l'équilibre.
Pour être en équilibre, il faut qu'il y ait des poids et des contrepoids. Par conséquent, reprenez certains passages, relisez, réessayez d'avancer. Et **quand vous serez bien sûre de vous, vous pourrez définir votre équilibre entre votre vie professionnelle et votre vie privée**, et vous pourrez passer au chapitre suivant : la vie personnelle (sociale et privée).

DÉFINISSEZ VOTRE ÉQUILIBRE GLOBAL

Vous êtes prête ? Bravo ! Vous êtes alignée, vous savez qui vous êtes et où vous voulez aller. Vous avez défini votre chemin et vous le suivez. D'ailleurs, vous avez dans le viseur ce super job ou vous l'occupez déjà. Double hourra. Clap clap !
Avant de vous lancer dans cette nouvelle aventure pro ou de la poursuivre forte de votre nouvelle lucidité sur vous-même, il vous reste une étape importante à modéliser : votre équilibre global.
Il va falloir ici faire un petit effort et penser en système. Prête ?
Partez du postulat que **votre vie = votre PME**. Quels sont les ingrédients que vous voulez y mettre ? À la manière d'une recette de cuisine, définissez précisément :

- d'une part les ingrédients qui vous sont indispensables pour être heureuse au quotidien ;
- d'autre part les quantités (en pourcentage par exemple, ou bien en nombres d'heures).

Le plus simple est de partir d'une grille à la semaine. Les plus téméraires ou les plus organisées pourront tenter l'exercice à l'année.

JE PASSE À L'ACTION

→ Je créé mon calendrier cible

Saisissez un planning (semaine ou année) et imprimez-le. Il est fondamental de visualiser votre semaine ou votre année, votre « planisphère ». Il est un peu une carte mentale de chemin, mais en plus opérationnel et en plus concret. À la manière d'une liste de courses alimentaires, listez tous vos « ingrédients » : temps de travail, temps de repos, temps pour les enfants, les voyages, les hobbies....

→ Je suis claire sur les « dosages »

Un ingrédient = une couleur. À côté de l'ingrédient, définissez sa quantité hebdomadaire, ou mensuelle ou annuelle. Écrivez la juste quantité pour vous. Pas la quantité obligatoire ou légale ou communément admise, mais la « juste » quantité pour vous, à cet instant précis.

→ Je teste et j'ajuste.

Regardez si tout tient dans votre planning. Ajustez, recommencez autant de fois que nécessaire jusqu'à ce que vous soyez pleinement satisfaite de votre recette de *work-life balance.*

N'oubliez pas, c'est votre recette, pas celle de votre collègue, de votre amie ou de votre mère. Chacune a des besoins différents, des calendriers et des séquences de vie différentes. Certaines ont besoin de remplir leur frigo à l'avance pour toute l'année. Avec beaucoup de choses, en quantité ; ne jugez pas ! C'est à vous seule de définir votre recette, avec vos ingrédients et vos quantités, pour que vous trouviez votre semaine à votre goût. Sans vous sentir ni enfermée ni trop vague, en ayant validé que ce n'est pas trop pour vous (quel est votre niveau de satiété en matière d'activités ?) ni au contraire pas assez. Assurez-vous que c'est suffisant pour vous. Car c'est vous qui décidez de votre recette parfaite. De votre équilibre idéal.

PARTIE IV

L'environnement personnel

LES LOIS GAGNANTES

Nous voici arrivées au champ majeur qu'il nous reste à explorer : la vie personnelle. Elle regroupe des sphères très larges et très structurantes pour nos quotidiens : les liens amoureux, la relation à la famille, aux enfants, les amitiés, les rencontres et toutes les relations sociales, physiques et numériques, les relations avec un tiers en somme.

LA VIE PERSONNELLE : L'INSTRUMENT ÉMOTIONNEL DE VOTRE BONHEUR AU QUOTIDIEN

Toutes vos relations interpersonnelles représentent une charge émotionnelle importante – plus ou moins forte pour chacune d'entre nous. Il faut très vite en avoir conscience, parce que ces relations ont en commun d'être constitutives de « votre environnement ». Parfois choisi, souvent subi.

Cette charge émotionnelle peut vous élever ou au contraire vous « plomber ». Elle peut participer positivement à fertiliser, à nourrir votre identité, votre curiosité, votre ouverture sur le monde et ainsi à vous accompagner dans votre chemin. Mais elle peut à l'inverse vous freiner, vous polluer, vous parasiter. C'est précisément ce dernier point que l'on va s'attacher à étudier, quand l'environnement du quotidien devient toxique et empêchant, et qu'il vient faire grésiller des mauvaises ondes autour de vous.

L'idée n'est pas de s'enfermer dans un cocon ou de vivre confinée sous cloche, mais d'être très consciente de son aptitude et de sa responsabilité individuelle à **se créer pour soi-même un environnement « gagnant »**.

- Comment arriver à se créer un environnement positif et bienveillant au quotidien ?
- Comment se créer des alliés et des soutiens ?
- Comment se protéger des nuisibles ?
- Comment monter des remparts de force mentale pour faire face aux critiques et aux remarques malveillantes ?
- Comment se fédérer, se grouper ?
- Comment rester concentrée sur sa quête de bonheur et de succès au quotidien ?

Telles sont les questions auxquelles nous allons tâcher de répondre.

Apprentissage n° 1

ENVIRONNEMENT SUBI CONTRE ENVIRONNEMENT CHOISI : FAIRE LES BONS CHOIX POUR S'ÉLEVER AU QUOTIDIEN

Exactement à la manière d'un coach sportif ou d'un sélectionneur national qui choisit ses talents pour une compétition internationale, il est fondamental de déterminer sa *dream team.*
Choisir son environnement du quotidien est excessivement structurant. Il n'est évidemment pas question de distinguer et de classer les humains par catégories, avec d'un côté les *losers* et de l'autre les *winners*, mais plutôt de **choisir**, toujours en accord avec soi-même et avec son chemin, de quel **groupe de personnalités s'entourer pour être heureuse et garder son cap**.

VOTRE ENVIRONNEMENT GAGNANT

Il y a des individus inspirants, des personnalités motivantes qui vous élèvent, et d'autres qui le sont moins. Ce qui est certain, c'est que les sentiments amoureux et amicaux, quand ils sont sains et sincères, créent la base de ce terrain fertile, propice à la construction de votre environnement gagnant.
Je ne vous apprendrai rien en signalant que parfois, l'amour, ou l'amitié, peut être parfaitement destructeur, violent, toxique. La relation viciée nous dévalorise, nous fait douter, nous affecte. Les violences conjugales, les mots qui blessent ne viennent jamais de parfaits inconnus. Ces signes et agissements néfastes sont émis par des individus que l'on aime généralement, et à qui nous sommes liées.

Je me souviendrai toute ma vie d'une scène vécue devant mon école primaire, je devais avoir 7 ou 8 ans. Une maman m'a prise en « modèle », en « exemple », pour critiquer l'attitude un peu brouillonne de son fils. J'étais doublement choquée : d'abord par le simple fait d'assister à la violence des critiques prononcées à l'endroit de son propre enfant, mais aussi par le fait de me retrouver instrumentalisée par cette femme dont la méchanceté me paraissait inouïe. Si, pour moi, la situation était choquante, que dire du sentiment que devait avoir ce garçon, humilié devant tous par sa propre mère ?

À l'occasion de la Fête des mères, chaque année, lors de cette débauche d'outils marketing qui célèbrent la maternité heureuse, je ne peux m'empêcher de me demander, systématiquement, comment vivent les enfants mal aimés, abandonnés, maltraités. Lorsque l'on est un enfant, il est difficile, voire impossible de discerner une relation normale d'une relation toxique. Quand chez soi, la norme, ce sont les abus, les disputes et la violence, c'est tout un programme, une fois à l'âge adulte, qui doit être mis en mode *reset*. Déjà, à l'adolescence, les choses changent et l'on peut prendre conscience du pouvoir d'un environnement gagnant.

On peut ainsi **s'offrir le choix de changer** de classe sociale, d'environnement, on peut se créer un axe, un cap positif et constructif pour soi-même, s'entourer d'énergies saines, d'un réseau associatif, d'un tissu social d'alliés, de mentors, de coachs. **Avoir une passion** préserve également des sorties de route, des fameuses « mauvaises influences » dont on parle à propos des adolescents. Mes parents ont toujours veillé à m'offrir un environnement multiculturel, respectueux et valorisant.

Un environnement choisi, sain, positif. Chez moi, il n'a jamais été question de fréquenter « l'élite », les personnes de « bonne famille », des « enfants Jacadi ». Jamais. Le seul fil rouge et trait commun de mon environnement, depuis que je suis enfant, c'est **la recherche incessante de personnes saines, bien dans leurs baskets, et peu importent leur origine et leur condition sociale.** Je crois fermement à cet environnement comme seul chemin possible vers l'équilibre, le bonheur, l'amour et le succès.

Je ne sais pas comment il est possible de fertiliser des liens capables de vous élever, au sens propre comme au sens figuré, sur des bases de relation toxiques, malsaines ou simplement déséquilibrées – en particulier dans les relations amoureuses, amicales et familiales.

EN RÉSUMÉ

ON NE CHOISIT PAS SA FAMILLE, NI SES PARENTS, NI MÊME PARFOIS SES AMIS. PARFOIS, ÇA TOMBE JUSTE ET ALORS C'EST FORMIDABLE. MAIS ICI, LE PRINCIPE EST DE SE CHOISIR CONSCIEMMENT UN ENVIRONNEMENT CORRESPONDANT À SA GRILLE DE VALEURS, DE PENSÉES. TENTEZ DE VOUS ENTOURER D'ÉNERGIES CONSTRUCTIVES, POSITIVES ET BIENVEILLANTES.

Apprentissage n° 2
S'AFFRANCHIR DE L'HÉRITAGE FAMILIAL AFIN DE CRÉER LIBREMENT SON CADRE

Je veux ici aborder des valeurs plus intimes, plus émotionnelles, telles que la confiance en soi, la bienveillance, des valeurs qui permettent d'opérer les bons choix dans un cadre non réglementé : la vie personnelle – par opposition à la vie professionnelle, totalement encadrée par le droit du travail et par diverses législations.
La vie personnelle et l'environnement intime, qui nous l'apprend ? Qui nous guide ? Qui encadre ?
Personne.

QUELLE EST VOTRE LIBERTÉ DE PENSÉE ?

À l'école, on instruit, et au mieux on vous apprend à être un bon citoyen afin d'honorer le pacte du fameux « vivre-ensemble ». Mais **qui nous apprend à faire les bons choix** en matière d'amitié, d'amour, d'agenda personnel ?
À part certains parents et parfois parrains ou marraines, personne ne guide véritablement les enfants. Personne ne les éduque pour se faire respecter et avoir confiance en eux dans un environnement collectif.
Il y a bien sûr au cours de la vie des moments forts de sociabilité, orchestrés par les réunions familiales, les fêtes laïques ou religieuses, les sorties scolaires, les vacances, etc. Mais lesquels sont véritablement choisis ? Lesquels sont véritablement décidés par vous-même, avec à l'esprit le prisme : « je le fais parce que j'en ai envie, parce que j'en ai besoin, parce que c'est bon pour moi » ?

Je ne connais personnellement que très peu de femmes qui agissent avec cette liberté de conscience. En revanche, j'en connais un paquet qui « jouent le jeu », qui se forcent et s'épuisent à organiser des repas de famille, à aller à tel dîner ou à tenir un stand lors d'une kermesse d'école.

Loin de moi l'idée de dérégler toute une culture et des coutumes familiales, ou de vous inciter à fuir vos responsabilités de parent, d'enfant, de sœur. Mais je vous invite à **vous questionner sincèrement sur vos réels besoins vis-à-vis de vos obligations**.

Sur le volet précis que sont les obligations dites familiales, on se met assez souvent en « mode automatique » : à Pâques, il faut faire ça. À Noël, il faut faire ça. Ça marche pour toutes les confessions bien sûr ! Autant pour les agendas civils que laïques : « Pendant les ponts de mai, nous, c'est week-end prolongé » ! C'est aussi vrai pour le congé maternité. « Pendant ton congé maternité, il faut faire ça plutôt que ça. »

Ah oui ? Mais *qui* le dit ? Qui a décidé un jour, pour tout le reste du monde et pour le sort des femmes en particulier, qu'à Noël, il fallait que ce soit vous qui décoriez le sapin et invitiez toute la famille ? Que pendant un congé maternité, il fallait tricoter et « profiter » ? Peut-être est-ce vous qui le dites. Mais peut-être pas.

CHOISISSEZ PAR VOUS-MÊME

Le sujet de ce sous-chapitre, c'est **la liberté face à l'injonction sociétale. L'oxygène de la liberté face au poids de la culpabilité**.

Si vous l'avez décidé et que ça vous fait plaisir de suivre des codes prédéfinis, c'est formidable ! Beaucoup de personnes ont besoin de codes collectifs, de codes communs, de « repères ». Mais ce n'est pas le lot de chacune d'entre nous. Chaque individu a le droit de s'interroger sur son agenda personnel et, par extension, de questionner son environnement contraint.

Nous revenons finalement toujours au même point : s'offrir la possibilité, la liberté de choisir pour soi-même. Ne pas subir.

En cela, ce livre est un hymne à la liberté individuelle, à la remise en question d'un ordre préétabli pour vous, un guide de l'*anti-establishment* gris et ronronnant, pour que vous ne laissiez plus jamais personne, ni votre mère, ni votre meilleure amie, vous dire « on fait comme ça » ou « ça ne se fait pas ».

- Sachez ce que vous voulez. Décidez par vous-même afin d'être alignée avec vous, avec votre chemin, **sans vous préoccuper des normes, des codes. Sans avoir peur des jugements.**
- Prenez vos décisions en pleine conscience, écoutez-vous, choyez-vous, chouchoutez-vous.
- Entourez-vous d'énergies saines et positives pour servir votre chemin.
- Distanciez-vous des environnements toxiques et déconstructifs.

Petite précision : je mets de côté les personnes qui se placent dans un boycott personnel conscient et assumé, qui savent qu'elles ne font pas les bons choix pour elles-mêmes, mais qui les font quand même. Je m'adresse dans ce livre aux personnes qui aujourd'hui, cherchent à être heureuses au quotidien, à se soulager de quelques **dettes mentales** qu'elles ont reçues en héritage sans jamais oser les questionner. Je m'adresse aussi à celles qui veulent gagner du temps, être libérées de contraintes qu'elles ne se sont pas choisies. Car sur ce point aussi, la plus grande lucidité est de mise.

Choisir son environnement, c'est aussi s'assurer que vous avez la **force mentale d'assumer vos choix**. Car lorsque l'on décide de tourner le dos à une amitié toxique, il faut être capable d'assumer. Choisir son environnement gagnant, ce n'est certainement pas effacer toutes les contraintes et balayer tous les nuisibles autour de soi, d'un coup de baguette magique. L'humanité ne peut pas fonctionner de façon aussi simpliste : ouvrir les bras aux *winners* et tourner le dos aux *losers*.

EN RÉSUMÉ

TOUT COMME JE CROIS À LA CARRIÈRE PROFESSIONNELLE PAR SÉQUENCES, JE CROIS AUX CYCLES DANS LES RELATIONS HUMAINES. PARFOIS, ON EST EN PHASE, PARFOIS ON NE L'EST PLUS. ÇA MÈNE SOUVENT À DES DISPUTES, À DES DÉCALAGES, VOIRE À DES SÉPARATIONS, PUIS À DES RETROUVAILLES OU À DES NOUVELLES RENCONTRES. BIEN SÛR, ON PEUT METTRE LES DÉSACCORDS SOUS LE TAPIS UN MOIS, VOIRE DEUX. MAIS LA RELATION NE GRANDIRA PAS. ELLE SERA MISE EN SOMMEIL, POUR FINIR PAR DISPARAÎTRE, PETIT À PETIT.

Apprentissage n° 3
INVENTER UN CERCLE GAGNANT

Choisir, c'est renoncer. Fermer des portes. Parfois tourner le dos. Cela coûte cher. L'addition émotionnelle peut s'avérer salée.
Quel est le prix ? Celui de se créer de nouveaux cadres avec de nouvelles contraintes. Celui d'arriver à se construire un nouveau réseau, avec toute la motivation et la pro-activité que cela implique.
Se construire son cadre, son environnement, son groupe de soutien, sa meute, sa troupe, c'est s'assurer de grandir ensemble et faire avancer le train à grande vitesse.

CONSTRUISEZ VOTRE TEAM

Penser à soi pour s'aligner, c'est la base, le socle fondateur, nous l'avons vu dans les deux premiers chapitres de ce guide. Mais personne ne peut vivre de manière isolée, dans sa bulle, concentré sur sa réussite, incarnant une nouvelle espèce d'ermite ambitieux, désincarné. Les plus grands athlètes, les rappeurs, les hommes et les femmes politiques, les célébrités ont leur *team*. Un genre de cercle de la confiance. Un réseau de soutiens.
Notre président Emmanuel Macron n'aurait jamais réussi son ascension politique sans le cerveau d'Ismaël Emelien, l'amour de Brigitte, les expertises des uns et des autres, bref, sans son réseau d'influence.
Un leader a besoin de sa troupe, de son *crew*. Je ne sais pas si vous avez remarqué, mais quand Rihanna débarque à Paris, ou que Kylian Mbappé arrive sur un shooting photo, ils ne viennent

pas seuls. Jamais. Au-delà du traditionnel « PA », assistant personnel, il y a un groupe d'individus qui les suivent. On ne sait pas trop quelle est leur fonction et s'ils en ont une, mais ils sont là. Danseur, coach, prof de yoga, nutritionniste, kiné, coiffeur, maquilleur, mère, frère, cousins... C'est parfois toute une tribu qui est là pour que l'étoile puisse briller et donner le meilleur d'elle-même.

Ce grand principe du clan, du réseau, reproduisez-le schématiquement, méthodiquement, à votre niveau.

- Qui est votre *solid crew*, autrement dit votre cercle solide et fiable ?
- Qui sont les gens que vous aimeriez connaître ou que vous aimeriez fréquenter ?
- Quels sont ceux dont vous pensez pouvoir apprendre quelque chose au quotidien ?
- Quelles sont vos réelles sources d'amour ?
- Qui sont vos vrais amis ? Vos « gens » de confiance ?

SORTEZ DU CADRE

Ouvrez vos chakras, sortez des sentiers battus et soyez curieux. Apprenez d'autres classes sociales. Observez ceux qui semblent alignés, sains, bien dans leur peau. Soyez mobiles, ouverts. Ne restez jamais dans l'entre-soi social. **L'endogamie sociale est l'un des pires maux de la société française contemporaine.** Elle paralyse, rend malheureux et vous enferme dans un monde de certitudes héritées du passé.

À l'inverse, la vie associative, par exemple, permet l'ouverture, quand la vie professionnelle ne le permet pas toujours. Si vous êtes jeune, fréquentez des femmes plus âgées. Si vous êtes

blanche, allez à la rencontre de femmes racisées. Si vous êtes lesbienne, échangez avec des hétérosexuelles...
L'intersectionnalité, le multiculturalisme, le transgénérationnel sont les seules clés de l'ouverture personnelle. Elles vous offrent une fenêtre sur le monde, une lecture exhaustive de l'époque. Elles vous présentent des réalités parfois très éloignées de votre quotidien et vous permettent ainsi de comprendre d'autres angles de vue, d'autres axes. Les réseaux sociaux parfois permettent également cela. Les voyages aussi, bien entendu.
Tout est bon pour **aller à la rencontre de nouvelles énergies, de nouvelles façons de vivre, de penser.** Désaxez-vous. Ne restez pas dans votre environnement naturel stable et ouaté. **Confrontez-vous à d'autres horizons et à d'autres pensées.** Personnellement, c'est l'une des raisons majeures qui m'ont poussée à fonder l'association EllesInLouvre. Cette association m'a permis de rencontrer des femmes toutes très différentes, sans fard, sans masque professionnel. Seules nos valeurs communes et nos engagements nous lient.

EN RÉSUMÉ

VALEURS, ENGAGEMENT, VISION DU MONDE PARTAGÉE SONT UN SOCLE CAPABLE D'ÉDIFIER UN GROUPE SOCIAL. UN COMBAT COLLECTIF. ORGANISEZ VOTRE PROPRE BANDE, VOTRE PROPRE ENTOURAGE CHOISI.

Apprentissage n° 4
ACTIVER SON CERCLE D'ALLIÉS

Parfois, il n'y a pas besoin d'aller chercher très loin. Mon idée ici est vieille comme le monde : les bourgeois excellent ainsi dans l'art de la conversation et du réseautage intéressés.
La phrase « Ce soir, on dîne chez *LES* XX » me fascine toujours. Pourquoi parler des familles ou des couples en utilisant un article devant le nom de famille ? J'ai compris à l'âge adulte : c'est une marque de fabrique, un genre de marque déposée. Le *personal branding* avant les réseaux sociaux. Les rituels mondains sont une machine à connexions ultra-puissante. Les hommes aussi, depuis des lustres, ont créé des *gentlemen clubs*, des alliances, des organisations secrètes, des réseaux.
Dans notre cas d'application concrète, le bonheur féminin, on cherche tout sauf des pince-fesses stériles d'autocélébration.

UNE CONFRÉRIE FÉMININE ET ACTIVE

On cherche plutôt à se créer son cercle vertueux, son cercle de confiance, afin de bénéficier d'un relais de soutien quand la famille dysfonctionne ou ne suffit pas. Imaginez un club de femmes où l'on peut tout se dire, sans jugement, avec bienveillance envers soi-même et envers les autres, comme une forme organisée de sororité. En un mot, la version féminine et active de la confrérie.
Pour ma part, mon métier a largement contribué à nourrir mon réseau professionnel, indiscutablement. Mais ayant par ailleurs un goût très prononcé pour les cercles féminins, certains sujets d'éducation, de citoyenneté mais surtout d'*empowerment* et d'entrepreneuriat, j'ai pris deux initiatives clés dans mon chemin personnel :

- J'ai fondé EllesInLouvre, l'association de quartier dont je parlais plus tôt.
- J'organise de façon proactive des dîners « mondains »... mais à ma manière.

Les deux constituent une version contemporaine, et *ultra friendly,* de la connexion entre femmes qui s'apprécient et s'admirent. C'est une grande différence avec les réseaux classiques ou les réseaux masculins. On est là plus proche de l'ambiance des clubs d'universités américaines voire des cercles d'écoute des AA (Alcooliques anonymes) que du réseau au *membership* payant, où l'on doit soigner sa toilette pour y épingler un badge.

Dans le groupe dont je parle, **on se dit tout et on parle de tout** : unetelle a besoin d'un bon avocat pour défendre son droit de propriété intellectuelle, une autre rêve de se faire une chirurgie plastique post-partum. Telle autre veut juste rire et boire un cocktail entre filles.

Pas de jugement. Que des conseils bienveillants et détendus entre femmes qui se respectent, qui s'échangent des astuces, partagent leurs crises, leurs moments de doute, se soutiennent et se motivent les unes les autres.

MOAI, OU L'IMPORTANCE DES LIENS SOCIAUX

Au Japon, ces groupes de soutien social, d'entraide, existent. Ils sont parfois même constitués depuis l'enfance, on les appelle *moai* (littéralement « se retrouver autour d'un but commun »). Il y règne un désir de soutien mutuel et respectueux.

Pour diffuser ces bonnes énergies, j'ai piqué une idée dans le guide hilarant et très instructif *Dîners en ville, mode d'emploi*[3] de Guillemette Faure. À chaque rencontre, chaque session de dîner, chaque convive doit venir avec **une invitée mystère**, une personne que le groupe ne connaît pas, précisément dans l'objectif de ne pas rester dans un entre-soi confortable et ronronnant. Nul besoin de faire le même job, d'être dans le même environnement, bien au contraire. **L'idée est de présenter une nouvelle énergie au groupe et de s'inspirer, de se guider les unes les autres, en gardant le même état d'esprit : celui de la sororité où l'ego et la honte n'ont pas leur place.**

S'AIDER LES UNES LES AUTRES

Tout comme j'en parlais dans le premier chapitre, lorsque j'évoquais la question du compliment physique d'une femme à une autre, je crois fort dans l'entraide féminine. **Je pense que plus on agrégera des énergies féminines positives, plus on diffusera collectivement des messages forts. L'alliance des esprits permet de se créer une véritable identité globale, solide, forte.**
Une femme isolée ne réussira pas à se dépêtrer de ses embarras. Dès lors qu'elle partage, qu'elle s'ouvre, qu'elle se fédère, elle trouvera des appuis, des aides, des épaules.

- **Écoutons** et apprenons les unes des autres.
- **Soyons généreuses** dans nos pensées et dans nos partages d'expériences.

[3] *Dîners en ville, mode d'emploi : l'art de se passer les plats*, Grasset, 2017.

- **Soyons altruistes** et ouvertes.
- **Partageons** autant que possible pour grandir nous-mêmes et pour éviter aux générations futures de reproduire nos erreurs.
- **Ne soyons pas avares** et repliées sur nous-mêmes.
- **Partageons** nos conseils, nos idées, nos *tips* qui fonctionnent.
- **Épargnons-nous** certains passages de vie désagréables.
- **Racontons** tout. Distillons tout ce qui est possible. Si ça a aidé au moins une femme, c'est déjà ça.

Vous verrez à quel point transmettre peut aussi vous nourrir et vous faire réfléchir, à quel point éduquer, partager est un outil puissant de valorisation personnelle. On dit souvent que les gens engagés dans le monde associatif ou les bénévoles en général le font autant pour la cause que pour eux-mêmes. Je crois que c'est vrai. Et alors ? Si chacun en tire une satisfaction, personne n'est perdant. Chacun apprend quelque chose de l'autre.

EN RÉSUMÉ

ALLEZ-Y, ENGAGEZ-VOUS, FÉDÉREZ, CONNECTEZ, DIFFUSEZ SI VOUS VOUS EN SENTEZ CAPABLE. INUTILE DE VISER HYPER-HAUT ET DE RÉINVENTER LE CLUB DES FEMMES ENTREPRENEURES DU XXIE SIÈCLE. SI VOUS AIMEZ LES JEUX VIDÉO OU LA CUISINE MINIATURE, ÇA MARCHE AUSSI, ALLEZ CHERCHER DES COMPAGNONS DE CHEMIN. VOUS APPRENDREZ QUELQUE CHOSE SUR VOUS-MÊME ET VOUS OFFRIREZ À L'AUTRE AUTRE CHOSE. UNE RIGOLADE SINCÈRE, UN MOMENT D'AMITIÉ PURE ET DÉSINTÉRESSÉE, EN RÉSUMÉ UN *EGO-BOOST* ÉNORME. UN BOOSTER TOUT COURT.

Apprentissage n° 5
CRÉER SON PROPRE « BOUQUET »

Qui dit bouquet dit mélange harmonieux. Bien sûr, on peut créer un bouquet composé à 100 % de roses ou de tulipes. Un choix sûr mais moins ambitieux, moins audacieux, plus attendu que de varier les espèces entre elles. Dans ce guide, on cherche justement à aller au-delà de l'attendu ; on cherche à se désaxer, à se dépasser, à s'aligner avec ambition personnelle et panache !
Dans un bouquet de fleurs, il y a la notion de fleurs. Dans notre cas, chaque personne joue le rôle d'une fleur – à mon sens, c'est une belle définition. L'alliance de ces différentes natures de fleurs va créer un bouquet harmonieux et complémentaire. C'est là toute l'idée : **compléter ses failles par des personnes aux atouts opposés aux siens**.
Vous n'avez absolument aucun intérêt à fréquenter des personnes qui vous ressemblent trop, sauf à vouloir vous conforter et vous cocooner, vous protéger. Essayez plutôt de composer votre environnement avec des forces vives aux couleurs complémentaires, aux personnalités variées. Ouvrez-vous. Le bonheur personnel et social est à la portée de toutes. C'est une question de choix et de liberté que l'on décide de s'offrir. Faites-vous passer en premier. C'est à la fois simple et complexe.

Apprentissage n° 6
ACCEPTER LES COMPROMIS SOCIAUX

La réalité est parfois nuancée, contrastée par les compromis qu'il « convient » de faire. Dans ces cas, si vraiment vous êtes prisonnière de certains non-choix, tentez de vous aménager des espaces rien qu'à vous au sein de cette prison éphémère. Je parle d'espace mental, d'espace temporel, d'espace géographique.
Orchestrez **un moment bien à vous**. Vivez-le en pleine conscience et gardez le bien-être qu'il vous procure comme un crédit pour affronter les étapes qui vous plaisent moins. Un peu comme un petit sac à dos de munitions façon Bear Grillz[4].
Vous voyez ces doses de nutriments hyperpuissants que les aventuriers prennent avec eux avant de s'apprêter à vivre dans des conditions extrêmes et à vaincre les éléments ? Eh bien, c'est ça ! Remplissez vos gélules imaginaires avec votre fuel et armez-vous pour céder aux compromis qui sont plus forts que vous.
Cédez de temps en temps. Pas toujours. Parfois, ce sera pour obtenir la paix sociale. Parfois, parce qu'il faut bien l'avouer, c'est usant de devoir se bagarrer sur tout, tout le temps. Lâchez un peu sur les choses les moins importantes. En un mot, choisissez vos combats.

---

[4] Bear Grylls est un aventurier anglais connu pour son émission de téléréalité *Seul face à la nature (Man vs. Wild)* où, parachuté dans les endroits les plus inhospitaliers de la planète, il survit grâce à un couteau, à une gourde et à une pierre à feu qu'il a dans son sac à dos.

Apprentissage n° 7
ÊTRE BIENVEILLANTE AVEC SOI-MÊME

Je n'ai jamais été une grande fan de la notion de gentillesse, de douceur accolée à la nature des femmes de manière innée. Sauf dans deux cas de figure précis :

La douceur de la mère

Quand la grossesse et la parentalité réussissent ce miracle d'arriver à adoucir et à apaiser les femmes les plus torturées, à tel point que certaines femmes à la langue bien pendue se réinventent quand elles deviennent mères. Elles ont d'un coup du miel dans leurs paroles et sont capables de manifestations très douces vis-à-vis de leur progéniture. Ça, c'est vraiment beau.

La gentillesse vis-à-vis de soi-même

Impossible dans ce cas-là d'associer la gentillesse à de la niaiserie. Au contraire, être gentille avec soi-même, c'est parfois de la survie, physique et mentale.

Votre corps, votre esprit sont votre capital principal. Prenez en grand soin. À chacune sa recette !

- N'ayez pas peur de déjeuner seule. Soyez votre meilleure alliée, votre meilleure coach pour vous-même.
- Massez-vous avec délicatesse, prenez soin de vous, offrez-vous des rendez-vous avec vous-même.
- Chouchoutez-vous. Étirez-vous, offrez-vous des petits cadeaux. N'attendez pas toujours de fêter quelque chose ou une occasion spéciale pour prendre un rendez-vous

beauté, vous offrir un soin, un massage ou une séance de natation personnalisée. Je vous souhaite à toutes d'arriver à cet état de l'esprit où seuls votre propre satisfaction et votre bonheur personnel vous importent. C'est magnifique et merveilleux. Et totalement addictif.

Apprentissage n° 8
S'ENTOURER DE PERSONNALITÉS POSITIVES

Avez-vous déjà entendu parler du charisme ? De la lumière qui émane de certaines âmes ? J'ai la grande chance de connaître quelques personnes vraiment fortes dans ce registre. Marie-Caroline Peponnet. Lili Barbery-Coulon entre autres.
Deux femmes très différentes, mais avec un point commun, bien au-delà du fait qu'elles soient toutes deux professeures de yoga : elles diffusent de l'énergie. Elles transmettent de la lumière. Si un jour, vous avez la chance de pouvoir assister à l'un de leurs cours, de leurs conférences ou de leurs ateliers, courez-y !
Il y a quelque chose de magique chez les personnes dites « positives ». Elles vous tirent vers le haut, elles vous « inspirent ». Elles sont **naturellement douées pour le bonheur** ou l'ont trouvé en chemin, en le cherchant par-dessus tout.
Je ne crois pas que l'on naisse dans cet état. Je pense que c'est un chemin et qu'un jour, on décide consciemment de le chercher, d'en faire sa pierre angulaire.
L'argent n'a rien à voir là-dedans. Je connais plus de personnes modestes, voire vraiment pauvres, et heureuses malgré tout, que de personnes riches avec un sourire pur affiché sur les lèvres au quotidien. L'aptitude au bonheur n'est pas une question d'argent pour le dire simplement. Un peu comme la peur n'évite pas le danger, je pense que l'argent n'achète pas le bonheur.

Simpliste ? Peut-être. Et pourtant. De nombreuses études récentes démontrent qu'au-delà d'un certain niveau de revenus, on ne devient pas plus heureux. On est juste plus riche, c'est tout. C'est peut-être super pour certains, mais ce n'est certainement pas une vérité générale.

Pour cette raison, je dis aux plus qualifiées d'entre vous : réfléchissez-y à deux fois avant de sauter de job en job pour faire gonfler la note et gagner des hausses de salaire. Vous prenez le risque de vous enchaîner aux mauvaises chaînes.

Gardez toujours à l'esprit quels sont **vos ingrédients du bonheur au quotidien, et pas dans l'absolu**. Mieux vaut enchaîner les semaines avec des jours heureux que de vivre des montagnes russes émotionnelles toute la vie. Et pour y arriver, quoi de mieux que de s'entourer de *positive people* ?

Tout comme l'argent attire l'argent, la lumière se reflète et se diffuse. **Les personnes passionnées sont passionnantes.** C'est le même mécanisme. Quand on s'entoure de personnes lumineuses et inspirantes, on le devient par effet de halo, par mimétisme. Ça commence par là. Nul besoin d'aller chercher très loin. Aller écouter Michelle Obama à Bercy lors de son passage à Paris, c'est super, mais ce n'est pas forcément donné à toutes.

JE PASSE À L'ACTION

→ Je trouve mon héroïne du quotidien

Réfléchissez à votre entourage. Saisissez votre carnet de contacts (Smartphone, papier, Facebook, qu'importe). Choisissez une personne au sein de ce répertoire qui, pour vous, est une héroïne du quotidien. Ça peut être une amie, une vague connaissance, une collègue, une prof, la nounou de vos enfants. Ciblez une proche accessible.

→ Je joue à la journaliste

Dites-lui que pour vous, elle est une véritable héroïne du quotidien et demandez-lui si elle accepterait de répondre à ce petit questionnaire pour vous :

- Comment te décrirais-tu ?
- Quelle petite fille étais-tu ?
- Que dirait la petite fille à la femme que tu es devenue ?
- Quel est ton pouvoir magique ?
- Où trouves-tu ton énergie au quotidien ?
- Quelles sont les femmes que tu admires ? Et pourquoi ?

Ce petit questionnaire inspiré des éditions Les Confettis et Mini Confettis n'a d'autre but que de vous faire comprendre que les *role models* peuvent être extrêmement variés. Il n'y a pas une voie. Il y en a une foultitude. La seule que vous devez finalement trouver, c'est la vôtre. Et pour cela, il faut être aidée, guidée et bien accompagnée.

PARCOURIR ENSEMBLE UN BOUT DE CHEMIN

Dans ma carrière professionnelle, je peux affirmer que j'ai eu deux ou trois mentors, guides, exemples. Dans ma vie personnelle, aussi : des amis, des rencontres avec de parfaits anonymes, des sages-femmes, des institutrices, des entrepreneures, des coachs, des serveuses, des grands patrons. Plein de profils différents.

Tous ont néanmoins une caractéristique commune pour laquelle ils m'ont marquée à vie : ils ont prononcé un mot, une parole, eu une réflexion **qui résonnait avec mon chemin**. Bien sûr, si je me suis ouverte à eux en premier lieu, c'est que j'ai senti qu'ils avaient des bonnes ondes, des énergies complémentaires aux miennes. C'est ce que j'appelle les *positive people*. **À chacune de trouver son cercle de *positive people*. Chaque séquence de vie amène son lot de rencontres**.

Il y a aussi quelque chose que j'ai observé avec le temps : on ne fréquente pas les mêmes personnes tout au long de sa vie. Attention, je ne parle pas des personnes que l'on fréquente par « obligation ». Je parle bien des personnes que l'on est libre de fréquenter ou pas. Ici revient la notion de cycles, de séquences.

De même que les enfants changent d'amis de classe en classe ou à chaque déménagement de leurs parents, on peut observer un mouvement parfois semblable dans la vie d'adulte. Typiquement, il y a le phénomène classique des cercles d'amitié avant d'avoir des enfants et après les avoir eus. Tout à coup, on se retrouve à fréquenter des parents d'élèves que nous n'aurions jamais eu l'idée de rencontrer si nous n'avions pas eu d'enfants. Parfois, ce sont leurs enfants qui nous amènent à eux. Et c'est drôle. Un peu comme lorsque l'on tourne la grande roue d'une loterie et hop ! On ne sait pas trop sur quel lot on va tomber. Parfois, c'est gagnant, ça ouvre de nouveaux horizons.

Dans ma vie personnelle, il m'est parfois arrivé, comme vous toutes j'imagine, de me distancier de personnes pas forcément toxiques dans l'absolu, mais nocives au moment de mon calendrier personnel où, clairement, j'aurais eu besoin de personnes lumineuses. Les décalages d'énergie sont parfois paralysants pour l'amitié. Ce n'est pas grave. Il faut l'accepter et laisser aller, ce qui ne veut pas dire de laisser tomber votre amie ou la situation !
Il a été récemment scientifiquement prouvé que s'entourer d'un cercle social positif et vertueux maintient les humains en forme et en bonne santé physique et psychique, parfois bien plus qu'en observant des diètes alimentaires *healthy*. Pour ma part, je pense que c'est un tout, l'un ne va pas sans l'autre.
Il faut savoir être mature et, tout comme les relations amoureuses tournent parfois en eau de boudin, cela peut être le cas aussi en amitié. Vos chemins ont pris des directions différentes, voilà tout. Si vos énergies restent les mêmes malgré des schémas de vie opposés ou différents, tant mieux ! **Ce qui compte, c'est d'avancer dans votre chemin à vous.**

EN RÉSUMÉ

AVOIR ET GARDER UN ENVIRONNEMENT TOXIQUE QUI VOUS TIRE VERS LE BAS (COMME LE DISENT LES PARENTS AUX ADOS EN CRISE) PEUT VOUS FAIRE PERDRE DES ANNÉES PRÉCIEUSES À L'ADOLESCENCE, MAIS AUSSI DANS VOTRE VIE D'ADULTE. ET, JE SUIS DÉSOLÉE DE L'ÉCRIRE, MAIS VOUS NE POURREZ PAS SAUVER TOUT LE MONDE. ON N'ARRIVE PARFOIS MÊME PAS À SAUVER SA MOITIÉ.

Apprentissage n° 9
POUR SAUVER AUTRUI, SE SAUVER SOI-MÊME D'ABORD

Avez-vous remarqué ce que dit l'hôtesse de l'air quand elle explique les consignes de sécurité ?
« En cas d'accident, mettez d'abord votre gilet de sauvetage et, ensuite, équipez votre enfant. »
Cela me paraissait tellement contre-intuitif et contre-nature que je suis allée voir le pilote pour comprendre. Dans les situations dangereuses, on protège toujours les faibles en premier, non ? Ça, c'est un réflexe ancré dans l'inconscient collectif des femmes et des enfants. Question de force physique. La réponse a été d'une clairvoyance et d'une évidence sans appel : « Pour protéger les faibles en cas d'accident, madame, il faut soi-même être fort et équipé » m'a-t-il répondu.
Mais bien sûr ! Quelle évidence, quelle sagesse ! Tout s'est éclairé d'un coup. **Penser à soi en premier. Se mettre en sécurité.** Se protéger n'est pas forcément de l'égocentrisme ou de l'individualisme primaire. Pas du tout, même ! C'est tout simplement **LA seule manière d'être capable d'aider les autres, et en particulier les plus faibles.**

Trouver son chemin à soi en premier est donc la seule voie, la seule direction possible à qui cherche un bonheur plus global, un succès collectif. Si soi-même on n'est pas déjà bien dans ses baskets, alors on ne peut pas aider, conseiller les autres, et encore moins prendre soin des autres. Pourquoi retire-t-on parfois des nourrissons à leur mère dès la maternité ? Ça peut sembler être de l'ultra-violence. Et pourtant, non. Si on part du principe que l'intérêt de l'enfant prime, et que

“

ALIGNEZ-VOUS AVEC
VOUS-MÊME,
ET ENSUITE,
SEULEMENT,
AFFRONTEZ LE
MONDE.

”

l'on pense la mère incapable de s'en occuper, alors c'est la seule issue possible du moment. Si une personne n'est pas apte à s'occuper correctement d'elle-même, alors elle ne sera pas en mesure de s'occuper d'une autre personne, de surcroît d'un nouveau-né.

À une échelle plus proche de notre sujet, si vous-même n'êtes pas en méga-forme et que vous dînez en tête-à-tête avec une copine mi-dépressive, mi-paresseuse, je ne suis pas sûre que le lendemain matin, vous aurez envie de vous inscrire au prochain marathon de votre ville. Alors mettez toutes les chances de votre côté ! Trouvez-vous d'abord (relire au besoin les chapitres 1 et 2), **alignez-vous avec vous-même, et ensuite, seulement, affrontez le monde. Construisez-vous votre monde, rempli de personnes qui vous font avancer, qui vous nourrissent, qui vous font grandir, qui vous inspirent !**

Mettez en suspens, entre parenthèses, juste pour quelque temps peut-être, les personnes les plus toxiques pour vous.
Trouver son chemin est un *process*, ne l'oubliez jamais. Et un *process*, par définition, ne dure pas une vie entière. Quand vous vous sentirez suffisamment solide, que vous vous serez bâti un monde avec des fondations fortes, vous serez capable alors de revenir en force.

Récemment, j'ai repris contact avec des amies perdues en chemin, car je me suis sentie prête à les « affronter » de nouveau. J'avais juste besoin de temps pour cheminer personnellement. Elles l'ont compris quand je le leur ai expliqué et je les en remercie. Elles ont réintégré *de facto* mon cercle vertueux. Mon environnement de *positive people*. La vie est trop longue pour s'entourer de personnes aux ondes négatives. Dans notre entourage direct, nous avons besoin de personnes bienveillantes et appréciatives, qui portent de bonnes lunettes. Celles qui font voir le verre à moitié plein et pas à moitié vide.

Apprentissage n° 10
RÉINVENTER LES RAPPORTS ADULTE-ENFANT

Non, l'enfant n'est pas un sous-citoyen. La liberté de parentalité, d'éducation, est aussi importante que la liberté d'expression. Et vous connaîtrez des tonnes d'injonctions, de questions, de reproches en chemin :

- « Ah bon, tu fais comme ça, toi ? »
- « Quand tu étais petite, moi, je faisais comme ça. »
- « Tu le laisses au collège dans le public, à Paris ? »
- « Je caresse ton ventre, ça ne te dérange pas j'espère ? »
- « Quoi, tu allaites encore ? »

Je m'arrête là, la liste est tellement longue. Si je vous invitais chacune à donner la vôtre, nous pourrions écrire ensemble des tomes encyclopédiques !
À cet égard, pour en rire et clore le sujet une bonne fois pour toutes, je ne peux que vous conseiller l'excellent livre *La Vérité sur l'accouchement*, d'Honorine Crosnier[5]. Vous allez picorer ainsi des reparties bien senties, pour être prête à dégainer en cas de besoin, et surtout vous bidonner.

---

[5] Marabout, 2018.

FAITES COMME VOUS LE SENTEZ

Sur le volet personnel, armez-vous du conseil le plus important : faites comme vous le sentez. Ça marche à peu près pour tout : allaiter ou pas ? Stériliser ou pas ? Faire du cododo ou pas ? Accepter les visites à la maternité ou pas ? Etc. À vous de voir, à vous de choisir.

La seule personne à concerter, c'est votre bébé. Écoutez-le, il vous répondra à sa manière. Un bébé est un trésor d'intelligence émotionnelle. Un puits de savoir sensoriel. Rendez-lui la part belle, il vient de sortir d'un environnement doux et protégé, d'une parfaite innocuité. Dialoguez avec lui. Trouvez ensemble votre rythme, votre pacte, votre chemin. C'est le seul qui compte pour vous deux et qui vous rendra parfaitement sereins l'un et l'autre. L'un pour l'autre.

Grâce aux neurosciences, il a été encore récemment prouvé qu'il ne servait absolument à rien de tenter de raisonner un enfant de moins de 7 ans. Son cerveau n'est pas capable de rencontrer la logique d'un raisonnement adulte. Il n'a pas, à cet âge-là, de vice, et n'est pas plus capable de faire ce que certains appellent « des caprices ». Il est donc parfaitement inutile de se mettre en colère après lui, de crier, de punir, de menacer. Et affirmer cela n'est pas faire l'apologie du laisser faire. Rien de cela. Je le dis pour la paix sociale et l'équilibre des familles.

Il est fondamental d'encadrer un enfant et de lui donner des repères, mais il est encore plus important de le baigner d'amour et de paroles réconfortantes, de gestes qui encouragent et donnent confiance. C'est ainsi qu'il deviendra lui-même un être raisonnable et raisonné.

L'OPPOSITION ENTRE ENFANT ET ADULTE

En France, on oppose encore souvent le monde des enfants au monde des adultes dans les moments de célébration familiale. Rien ne peut m'exaspérer plus que « la table des enfants » à côté de la table des adultes.

À moins d'être à table avec des parents dépendants, irresponsables ou égoïstes à tel point qu'ils oublient que des enfants sont là, à côté d'eux, **le mélange des générations est ce qu'il y a de plus riche en matière de connaissances et de dialogue interpersonnel**. Ne minimisez pas cela. **Ne mettez ni les vieux ni les enfants dans des cases !** Notre société occidentale fait de grands pas civilisationnels en arrière, en mettant ainsi de côté les enfants et les anciens. Quelle erreur !

La maternité, tout comme la vieillesse sont des sujets de société. Des enjeux sociétaux et civilisationnels, culturels. Pas des sujets de communautés « à part » ou « en marge ». En marge de quoi d'ailleurs ? D'un monde où ne seraient considérés comme valides que les hommes blancs, actifs, urbains ?

Ces convictions intimes font que généralement, dans les fêtes de famille, je me retrouve plus souvent en compagnie des enfants et des bébés que des adultes quadra, quasi tous plus intéressés par des sujets collectifs très resserrés autour de trois thèmes : le travail, la prochaine destination de vacances ou l'accès à la propriété et à l'immobilier.

Pour mieux vous aimer l'un l'autre, votre enfant et vous, pour être heureux avec lui au quotidien, libérez-vous ainsi une bonne fois pour toutes des conseils plus ou moins bien vus et bienveillants reçus. **Écoutez d'une oreille polie les conseils d'autrui, mais laissez glisser, respirez** (on y revient toujours).

JE PASSE À L'ACTION

C'est la première visite familiale ou amicale. Vous et votre joli bébé êtes chez vous, de retour de la maternité. J+3

→ Je définis mon cadre idéal

Il y a encore des personnes mal élevées qui ne savent pas qu'une visite post-partum, c'est une heure grand maximum et que non, on ne prend pas le bébé dans les bras si les parents ne vous y ont pas invité. On demande. Un bébé n'est pas le fruit du ciel ou un bien commun issu d'un travail collectif. Donnez le ton d'emblée en disposant à peu près partout autour de vous des flacons pompe de désinfectant pour les mains.

→ Je me prépare et j'évalue la situation

Définissez en amont une petite liste mentale de la manière dont vous voulez que ça se passe. Si vous sentez la fatigue et l'énervement monter, respirez et évaluez la situation avant de réagir – forcément différemment face à sa belle-mère ou à la nouvelle petite amie fumeuse de son cousin par alliance. Si cela devient intenable pour vous – les gens ouvrent les fenêtres sans demander, fument, restent trop longtemps, touchent votre bébé sans demander l'autorisation – passez à l'action et n'hésitez pas vous-même (ou votre conjoint, ou votre mère, ou votre ami) à libérer les convives.

→ Je suis la seule à fixer les règles

Pour vous et votre bébé. Vous en avez d'ailleurs la responsabilité. N'hésitez pas. Personne n'en veut jamais à une femme qui vient d'accoucher. Au pire, vos invités vont être surpris, mais ils vont enchaîner avec une autre activité qui n'aura rien à voir. Tandis que vous, seule ou avec votre conjoint, vous allez devoir enchaîner nuit hachée et pleurs incompris. Alors, fixez les règles en amont sans forcément les verbaliser, mais faites-vous aider par votre allié du moment (votre mari ou votre amie) pour les faire appliquer.

De façon générale, vous seriez étonnée de savoir à quel point ce qui peut paraître une montagne d'impolitesse, d'audace pour vous a une importance totalement insignifiante pour l'autre. C'est même déroutant. Toute ma vie, je me souviendrai m'être fait un monde d'aller voir cette fameuse P-DG à la sortie de son comité de direction en l'attrapant dans le couloir (sur conseil de son assistante, rappelez-vous) alors qu'elle était totalement détachée, pas inintéressée mais juste tellement prise par d'autres sujets qu'elle a simplement répondu à ma question par un oui gentiment étayé mais sans plus. Ce qui me paraissait être de l'ordre de l'audace était pour elle une petite question de rien du tout dans sa journée de patronne.

“

IL EST PLUS FACILE DE CRITIQUER SON ÉPOQUE QUE D’ADMETTRE QUE L’ON N’EN FAIT PLUS PARTIE.

”

– Fabien Prade

Apprentissage n° 11
FAIRE BON USAGE DE SA VOIX ET SE PROTÉGER DES CRITIQUES ET DU JUGEMENT D'AUTRUI

À l'heure où j'écris ces lignes, nous sommes en pleine crise Covid-19, post-passage du 49.3 et quelques jours après la cérémonie des César. Autant dire que le climat est particulièrement tendu et que les crispations sont nombreuses. Parfois, les attaques personnelles arrivent de la manière la plus inattendue qui soit : l'entourage, la famille, les proches se divisent, se jugent, se critiquent.

L'écriture de ce livre m'a permis de mettre à plat des outils, des conseils, une méthode construite à partir de ma propre expérience. Je souhaite qu'elle rayonne et profite au plus grand nombre. Non pas que je pense avoir découvert LA méthode mais, modestement, j'ai toujours cru utile et bon de diffuser au maximum mon énergie et mes conseils à qui veut bien les écouter.

Pourquoi je vous raconte ça ? Tout simplement parce que j'ai toujours eu et continue d'avoir la conviction que si une personne détient un quelconque pouvoir d'influence, il faut l'utiliser pour faire avancer des causes qui nous dépassent. Des causes et des sujets universels.

Mon engagement a toujours été le même et il trouve sa racine dans cette même croyance : **si j'y suis arrivée, alors vous aussi, vous pouvez y arriver**, en entraînant votre esprit, en vous affranchissant de vos barrières limitantes, en vous entourant de mentors et d'experts.

LE BONHEUR AMÈNE LE SUCCÈS

Si chacune fait son travail d'alignement en profondeur et renoue avec sa raison d'être et son chemin, alors elle peut devenir sereinement et en confiance une personne solaire, droite dans ses bottes, bien dans ses baskets.
Emmanuelle Duez, fondatrice du cabinet de conseil The Boson Project, et de *Tchatche*, disait récemment au micro du podcast « Vlan![6] » : **les personnes puissantes le sont parce qu'elles sont alignées et solaires. Elles défendent une vision qui les dépasse**. Je crois très précisément la même chose. C'est le bonheur qui amène le succès. Et non l'inverse, le succès n'amène pas le bonheur.

“ LORSQUE L'ON EST ALIGNÉ, HEUREUX, ET QUE L'ON EST TRANSPORTÉ PAR UNE VISION DU MONDE, PAR UNE CAUSE, PAR UN ENGAGEMENT QUI NOUS DÉPASSE, QUI NOUS TRANSCENDE, ALORS ON DEVIENT UNE PERSONNE SOLAIRE ET INSPIRANTE. UN LEADER CHARISMATIQUE. ”

---

6 Podcast « Vlan! » #123 « En finir avec l'injonction à l'engagement. »

LE BOUCLIER MENTAL

En cette période de turbulences sociétales, de troubles économiques, de crispations identitaires, mieux vaut être toutefois armée d'une armure anti-mauvaises ondes.

Mon experte bien-être et spiritualité Marie-Caroline m'a offert, ainsi qu'à toutes les adhérentes de l'association EllesInLouvre, des outils pour nous protéger des agressions extérieures, notamment un « bouclier mental ». L'équivalent spirituel de la bougie « anti-connards » qui fleurit dans les *concepts stores* branchés.

La première chose à faire est de **prendre de la hauteur et du recul**. Bien souvent, les personnes qui attaquent et qui sont virulentes sont très mal dans leur peau. Parfois par jalousie, parfois par mépris de classe primaire, parfois par méchanceté gratuite aussi. Inspirez-vous d'Aya Nakamura sur ce volet-là avec son fameux hashtag #au revoir merci ! Elle se moque totalement du qu'en-dira-t-on.

Faites l'inverse des hommes politiques qui sont en permanence en quête de votes, de soutiens, et qui sont obnubilés par leur cote de popularité dans les sondages.

Tant que vous ne blessez pas quelqu'un, pourquoi diable vous préoccuper des réactions des autres ? Et si vous interpellez, tant mieux ! C'est précisément la raison pour laquelle vous êtes critiquée. C'est parce que votre voix résonne et qu'elle bouscule l'ordre établi, le « système ». N'ayez pas peur de cela.

Les femmes puissantes le sont parce qu'elles font bouger les lignes. Elles deviennent le sujet et non l'objet. L'action plutôt que le commentaire.

Gardez cette *punchline* en tête en cas de besoin : « Toi, t'es dans ta jalousie, moi je suis dans mon jacuzzi » (empruntée et légèrement modifiée au titre « Jalousie » de La Fouine).

- Soyez gentille avec vous-même. Ne vous laissez jamais polluer.
- Gardez la tête haute. Allez de l'avant.
- Soyez le noyau de votre cercle gagnant et vertueux. Laissez les autres se dépêtrer avec leur haine et leurs énergies négatives.
- Vous êtes Bouddha sur la montagne. Beyonce et Jay-Z au Stade de France. Julia Roberts dans son jacuzzi. Au calme. À l'aise. Au top. Bien avec vous-même, et ça, c'est déjà énorme.

Car vous rencontrerez tout au long de votre chemin des personnes toxiques, qui polluent votre énergie et votre lumière. Faites le tri. Fuyez-les. Mettez-les en sourdine sur vos réseaux sociaux.

De la même manière, il est utile et urgent de supprimer de vos contacts les personnes que vous aimez suivre en secret pour, en réalité, les observer tel un biologiste inspecte un insecte. Tout ce temps passé est inutile et surtout parfaitement contre-productif. Il vous éloigne de votre chemin et vous grille votre batterie.

ON NE PEUT PAS PLAIRE À TOUT LE MONDE.

Chaque personne qui détient un pouvoir d'influence, aussi petit soit-il, a la capacité de faire bouger les lignes. Il a une écoute, des tribunes, des possibilités d'éclairer des esprits. Il serait dommage de ne pas utiliser cette voix lorsque l'on a trouvé sa voie et que celle-ci donne accès à un pouvoir d'influence.

Ce n'est pas le règne du tribunal populaire, c'est le nouvel air démocratique. L'élan d'une somme de générations et d'énergies qui ne se reconnaissent pas dans le système en place et qui le contestent, le rejettent, mais surtout qui est en marche pour en créer un nouveau, plus respectueux, plus inclusif. Qui laisse autant de place pour les nés dominés que les futurs possibles dominants.

Pour arriver à cet état de sérénité et d'apaisement de l'esprit, il faut résolument se détacher du regard d'autrui et apprendre à composer avec la critique.

On ne peut pas plaire à tout le monde. Alors, choisissez au moins à qui vous voulez plaire. Être crainte ou peu appréciée par des gens que vous n'admirez pas, est-ce un problème ? Je ne crois pas. Tout comme on a coutume de dire « l'argent attire l'argent », « la colère amène la colère ».

Restez soudée et unie avec votre écosystème, votre cercle d'alliés, celui qui vous fait du bien, qui vous fait avancer dans votre chemin, dans votre cause, dans votre engagement.

"Be so good, they can't ignore you." Cal Newport, professeur d'informatique à l'université de Georgetown, l'explique parfaitement dans ses livres – *Deep Work*, *So Good They Can't Ignore You* et *How to Become a Straight - A Student* – en l'appliquant au domaine professionnel. La détermination, l'autoanalyse de son potentiel croisés avec l'environnement ne peuvent que définir la bonne voie à saisir.

JE PASSE À L'ACTION

Une collègue proche vous rapporte qu'un collègue d'un autre service pense que vous êtes une imposture et que vous n'êtes pas à un poste que vous méritez. Comment réagissez-vous ?

→ Je ne réagis pas à chaud

Vous fulminez et vous voulez en découdre avec l'oiseau de mauvais augure. Vous vous mettez à pleurer. Vous écoutez d'une oreille et ça ressort de l'autre. Vous vous remettez en question et vous doutez de vous. Vous échafaudez un plan machiavélique pour vous venger. Quelle que soit votre réponse, aucune de ces réactions n'est ni satisfaisante ni stabilisante.

→ Je vise plus haut, plus loin et j'enfile mon costume de leader

Celui de Michael Jordan, de Beyoncé ou d'Aya Nakamura. Michael Jordan irait probablement s'entraîner et gagner un nouveau prix. Beyoncé rigolerait et enfilerait sa tenue pour le prochain *Super Bowl*. Quant à Aya, elle serait dans son jacuzzi en train de profiter de son succès.

EN RÉSUMÉ

**SOYEZ AU-DESSUS DE LA MÊLÉE.
NE RÉPONDEZ PAS. RESTEZ CONCENTRÉE SUR VOS OBJECTIFS. NE RAMENEZ PAS L'AIGREUR DES AUTRES ET LEUR HAINE CHEZ VOUS. LAISSEZ-LEUR LES SENTIMENTS NÉGATIFS DE JALOUSIE ET DE MÉPRIS. METTEZ VOTRE BOUCLIER ÉNERGÉTIQUE ET PROTÉGEZ-VOUS. LA PAIX. LA HAUTEUR. LE CHEMIN. LA VISION. LES IDÉAUX.**

Apprentissage n° 12
DÉFINIR SON POTENTIEL ET LE DÉPLOYER

Pour compléter son chemin et sa quête d'alignement, il y a une notion très importante à ajouter à notre programme : le potentiel.
Le potentiel individuel se construit autour de trois champs :
- le quotient intellectuel ;
- le quotient émotionnel ;
- le quotient pratique.

Le quotient intellectuel sert à comprendre, à raisonner et à observer. Le quotient émotionnel est la capacité à prendre conscience de l'autre, à se gérer, à communiquer. Le quotient pratique est la dextérité, la forme physique, l'expérience pratique.

N'UTILISEZ PAS QUE VOTRE CERVEAU !

Les instructeurs de survie comme Marc Mouret ou Mike Horn sont des êtres puissants et très inspirants. Ils ont compris, comme tous les grands aventuriers, que **l'intelligence de l'autre et de son environnement était aussi importante que le QI**.
En Occident, et particulièrement en France, le quotient intellectuel est largement surcoté. Nombre d'ingénieurs, d'énarques, de centraliens font de piètres leaders. Pourquoi ?
Parce qu'on leur a appris à n'utiliser que leur cerveau (QI) et à rester dans un entre-soi qui endort totalement la capacité d'interaction sociale transclasse et la curiosité de son environnement quotidien, soit la capacité même à comprendre une époque.

Récemment, je suis intervenue dans le comité de direction d'un grand hôtel. L'un des fameux *board members* ne connaissait pas Kylian Mbappé que je citais comme icône contemporaine influencée et attirée par un nouveau luxe, plus connecté, plus fun et plus engagé. J'ai trouvé ça d'une tristesse infinie. Cette même personne ignorait également que Mbappé était l'égérie d'une marque de montres de luxe, et surtout engagé dans la lutte contre l'obésité infantile, un athlète sportif complet, sain et *ultra-successful*, idole d'une génération entière.
Sa crainte à lui était de voir arriver des sportifs, certes de stature internationale, mais en survêtement dans l'établissement – ce qui, selon lui, aurait été repoussoir pour les autres clients. Autrement dit, Rihanna : OK. Mbappé : pas OK.
Cette anecdote montre à quel point derrière la notion de potentiel se cache la notion d'ouverture d'esprit, de conscience sociale, de quotient pratique. Combien de dirigeants prennent des décisions stratégiques majeures sans se poser la question de la réalité pratique et opérationnelle du déploiement de celle-ci ? C'est pour moi un manque d'intelligence pratique majeur.

EN RÉSUMÉ

À VOTRE NIVEAU PERSONNEL ET INDIVIDUEL, IL EST DÉTERMINANT DE DÉFINIR ET DE MUSCLER VOTRE POTENTIEL EN AYANT À L'ESPRIT VOTRE CAPACITÉ NON SEULEMENT INTELLECTUELLE, MAIS AUSSI ÉMOTIONNELLE ET PRATIQUE.
UN BON DIPLÔME N'A JAMAIS SAUVÉ PERSONNE DE LA DÉPRESSION OU DE L'ANOREXIE.
L'INTELLIGENCE ÉMOTIONNELLE ET PRATIQUE, SI.

— CHECK-LIST —

DES ENSEIGNEMENTS DE LA MÉTHODE POUR RÉUSSIR À S'ALIGNER

✓ Définir son point de départ (A)

✓ Définir avec lucidité et réalisme son *life goal*, son point d'arrivée (B)

✓ Définir en fonction de ces deux points son chemin : route, étapes, séquences et calendrier pour arriver de A à B

✓ Dérouler et déployer ce chemin

✓ S'auto-évaluer avec bienveillance et lucidité

✓ Se construire un entourage de personnes positives

✓ Aligner son *lifestyle* et son hygiène de vie avec son ambition personnelle

✓ Connecter son corps et son esprit

✓ S'apprécier, se féliciter, se congratuler de chaque victoire

✓ Se fixer des objectifs concrets et simples à évaluer

✓ Fêter tous les succès du quotidien

CHECK-LIST

DES AFFIRMATIONS POSITIVES

Comme la règle des cinq fruits et légumes par jour, prononcez au moins cinq fois par jour l'un des mots suivants :

- ✓ **Succès**
- ✓ **Bonheur**
- ✓ **Équilibre**
- ✓ **Panache**
- ✓ **Autosatisfaction**
- ✓ **Énergie**
- ✓ **Liberté**
- ✓ **Puissance**
- ✓ **Courage**
- ✓ **Force**
- ✓ **Épanouissement**
- ✓ **Confiance**
- ✓ **Pragmatisme**
- ✓ **Lucidité**

CHECK-LIST

DES CHAMPS D'APPLICATION ET DES OUTILS AU SERVICE DE VOTRE ÉQUILIBRE ET DE VOTRE BONHEUR

✓ Le sommeil et la récupération

✓ Le sport

✓ Le rythme de vie

✓ L'organisation du quotidien

✓ L'alimentation

✓ La respiration

✓ L'estime de soi

✓ Le dressing de l'équilibre

✓ L'écoute de son corps

✓ La grossesse et l'allaitement

✓ Les représentations et les archétypes, les *role models*

✓ L'état d'esprit

✓ L'alignement personnel

✓ Apprendre à se connaître

✓ Observer avec finesse son environnement professionnel

✓ Apprendre à s'assumer

- ✓ S'auto-évaluer
- ✓ Définir son personnage professionnel
- ✓ Travailler son marketing personnel
- ✓ Savoir mener un entretien, une conversation
- ✓ L'art oratoire
- ✓ L'art de la négociation
- ✓ Définir son *life balance*
- ✓ Composer son environnement gagnant
- ✓ Créer son réseau, son « bouquet de fleurs »
- ✓ Apprendre à être douce avec soi-même
- ✓ S'entourer de *positive people*

Conclusion

En guise de conclusion de ce guide pratique du bonheur féminin total et sans concession, je vous livre quelques mots clés, des check-lists de votre nouveau vocabulaire pour le premier jour du reste de votre vie assumée, heureuse, épanouie, en un mot : libre. **Ces listes seront vos nouveaux repères.** Un genre d'annuaire du bien-être féminin. **Un répertoire du succès quotidien.** Voyez-les comme les nouveaux standards à épingler partout chez vous, dans votre salle de bains, au bureau, dans votre sac, sous forme de pense-bête, de Post-it, de mantras.

Mais aussi avant un examen, aux toilettes des filles, à l'accueil des locaux où vous allez passer un entretien professionnel, en salle d'accouchement.

***JE VEUX TOUT* est votre guide personnel, votre chemin vers le succès.** J'ose espérer qu'il vous aura éclairée, motivée, énergisée afin de réaliser votre bonheur féminin adulte. Si la lecture de ce guide a eu un impact positif sur vous, prêtez-le, diffusez-le.

Diffusez ces mots qui font du bien et qui donnent confiance en soi. Partagez ces pensées positives. Créez ces environnements qui rendent les femmes plus puissantes, plus visibles, plus sereines. Ne les gardez pas pour vous en secret comme un trésor. **Aidez à votre tour** vos amies, vos collègues, vos soeurs, vos connaissances à se révéler à elles-mêmes. À se sentir puissantes, en confiance, sereines, alignées.

N'hésitez pas aussi à partager avec une autre femme vos *tips* du quotidien qui fonctionnent. Vos idées gagnantes, vos solutions. Vous en sortirez grandies et enrichies toutes les deux.
Ce guide aura un impact d'autant plus positif qu'il servira à toutes les femmes, au-delà de votre sort à vous.

« LE SUCCÈS NE SE MESURE PAS À LA QUANTITÉ D'ARGENT QUE VOUS GAGNEZ, MAIS À L'IMPACT QUE VOUS AVEZ SUR LA VIE DES GENS. »

– Michelle Obama

Il est temps de changer, pour vous et pour les autres !

Bibliographie et références

Sources

- p. 9 : Simone de Beauvoir, *La Femme indépendante*, Gallimard, 2008
- p. 11 : Bourdieu, La Distinction : *Critique sociale du jugement*, Les Éditions de minuit, 1979.
- p. 44 : www.frichti.com.
- p. 53 : Marie Kondo, *La Magie du rangement*, Pocket, 2016.
- p. 59 : Lili Barbery Coulon, *La réconciliation*, Marabout, 2019.
- p. 59 : Lisa Azuelos (réalisatrice), *Comme T'y Es Belle*, LC Production, 2006.
- p. 63 : mytraveldreams.com.
- p. 100 : Antonin Archer, Podcast « Nouvelle école », #56 – Morgane Sézalory : Lâcher prise, 2018.
- p. 115 : James Bort (rélisateur), *Naissance d'une Étoile*, Fulldawa Films, 2017.
- p. 118 : Elisa Rigoulet, *Le guide féministe de la grossesse, pour de futurs parents libres*, Marabout, 2019.
- p. 119 : lamaisonplisson.com.
- p. 168 : Guillemette Faure, *Dîners en ville, mode d'emploi*, Grasset, 2017.
- p. 173 : Marie-Caroline Peponnet, yoga4kidsparis.com.
- p. 175 : Revue *Les Confettis* et livres pour enfant Mini Confettis.
- p. 181 : Honorisne Crosnier, *La vérité sur l'accouchement et... sur la suite*, Marabout, 2018.
- p. 188 : Emmanuelle Duez, « The Boson Project ».
- p. 188 : Gregory Pouy, Podcast « Vlan ! », #123 « En finir avec l'injonction à l'engagement », 2019-2020.
- p. 191 : Cal Newport, *So good, they can't ignore you*, Grand Central Publishing, 2012.

Pour aller plus loin

- Lauren Bastide, *Présentes*, Allary Éditions, 2020.
- Gisèle Halimi, Annick Cojean, *Une farouche liberté*, Grasset, 2020.
- Alice Pfeiffer, *Je ne suis pas Parisienne*, Stock, 2019.
- Paul Arden, *Vous pouvez être ce que vous voulez être*, Phaidon, 2004.
- Miguel Ruiz, *Les quatre accords Toltèques : La voie de la liberté personnelle*, Jouvence, 2018.
- Clarissa Pinkola Estés, *Femmes qui courent avec les loups*, Le Livre de Poche, 2001.
- Abraham Maslow, *Devenir le meilleur de soi-même : Besoins fondamentaux, motivation et personnalité*, Eyrolles, 2013.
- Brigitte Boussuat, Jean Lefebvre, *Former avec le Funny learning : Quand les neurosciences réinventent vos formations*, Dunod, 2015.
- Jenny Chammas, Podcast « Femme et ambitieuse », coachapy.com.

Achevé d'imprimer
par Rotativas en Espagne
pour le compte des Éditions Marabout (Hachette Livre)
58, rue Jean Bleuzen, 92178 Vanves Cedex
Dépôt légal : janvier 2021

ISBN : 978-2-501-14971-6
4755961/01